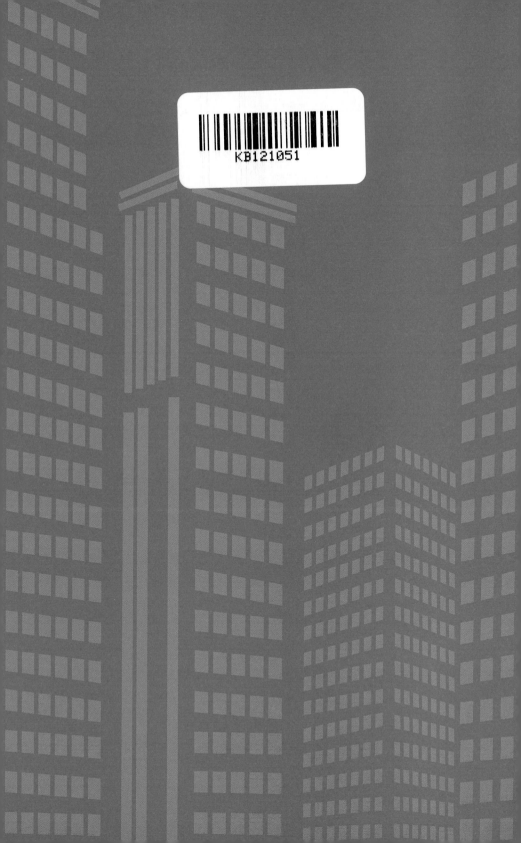

KB121051

딱 한 번 읽고 바로 써먹는

지식산업센터 투자

딱 한 번 읽고 바로 써먹는

지식산업센터
투자

박희성 · 오승연 지음

부동산 규제에서도 홀로 웃는 지식산업센터

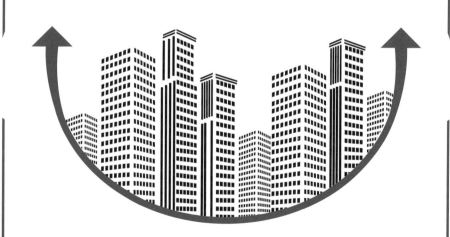

일에일북

지식산업센터 투자는 블루오션입니다

지식산업센터는 소수의 사람들만 알고 있는 부동산 상품입니다. 구조적으로 소수만이 알 수밖에 없었고, 지금까지도 대다수의 일반인은 모르고 지나칩니다. 지식산업센터는 애초부터 기업을 위한 부동산으로 출발했습니다. 기업 입장에서는 사업을 하기 위해 어차피 필요한 공장이나 사무실을 장기 저리 융자로 살 수 있으면서 취득세까지 100% 감면해주는 지식산업센터에 상당한 매력을 느꼈습니다 (취득세 100% 감면 혜택은 2011년 말 종료. 2022년 말까지는 조건 만족 시 50% 감면). 초창기에는 어느 정도 규모가 있는 기업이 지식산업센터를 사옥 개념으로 취득했고, 이에 대한 시설 자금을 중소기업진흥공단이나 신용보증재단을 통해 70%까지 대출 받았습니다.

정부 산하 기관에서 부동산 대출을 해준다는 것은 상당히 큰 의미가 있습니다. 이런 정부 기관의 보증으로 시중의 제1금융권에서 자연스럽게 지식산업센터에 대한 70% 담보 대출 상품을 만들어냈고, 결과적으로 모든 금융기관에서 서로 취급하려는 상품이 되었습니다. LTV나 DTI와 상관없이 기업의 시설 자금으로서 지원된 이 상품은 기업을 위한 국가적 차원의 혜택이지만 일반 투자자에게도 똑같이 적용되었습니다. 이렇게 제도적으로 보장되는 대출과 정책자금 지원 및 취득세 감면이 그대로 이어져온 덕분에 지식산업센터 투자자들은 여전히 큰 수혜를 누리고 있습니다.

주택 시장에는 전세라는 제도가 있습니다. 전세를 끼고 매매를 할 경우 소자본 투자가 가능하며, 매매가가 우상향할 경우 이득을 볼 수 있습니다. 지식산업센터에는 전세 제도가 없지만 신용등급이 좋은 사람이나 기업은 최대 90%까지 대출이 가능합니다. 이렇게 높은 대출 비율 덕분에, 지식산업센터는 소자본으로 투자할 수 있는 몇 안 되는 안정적인 부동산 상품입니다. 또한 갈수록 수요가 많아져 현금화가 상대적으로 쉬워지고 있습니다. 게다가 개인이 아닌 안정적인 기업을 상대로 임대사업을 하므로, 꾸준한 월세 수익과 시세 차익을 동시에 노릴 수 있는 경쟁력 있는 부동산 상품이 되었습니다.

지식산업센터가 일반인에게 알려진 지는 그리 오래되지 않았습니다. 2008년 하반기 리먼 사태를 거치고 한동안 미분양 물건이 많았는데, 그때의 미분양 물건들이 다 정리되어가던 시점이 2013~2014년입니다. 때마침 한국은 2017년 세계에서 최단기간 내에 고령사회(노인인구 14% 이상)에 진입하는 등 고령화와 노후 대비라는 키워드가 전 국민적으로 공감대를 얻기 시작했습니다. 노후를 위해 안정적인 수익형 부동산으로 쏠리는 관심은 자연스러운 현상이었으며, 그 과정에서 지식산업센터를 선택하는 사람들이 하나둘씩 늘어나기 시작했습니다. 당시 대부분의 투자자는 이미 지식산업센터에 입주해 그 매력을 알고 있던 기업체 대표들이었고, 그들의 주변 지인들이 새로운 투자자로 가세했습니다. 이렇게 저변을 넓히던 지식산업센터는 실제 투자자들에게 상당히 만족도 높은 부동산으로 자리매김했습니다.

투자자가 지속적인 증가세를 보이던 지식산업센터는 2020년부터 본격적으로 주택 규제의 풍선 효과를 누리게 되었습니다. 오랜 시간 지식산업센터 현장에서 일해온 사람으로서 이런 투자자들의 유입, 즉 그 저변이 확대된다는 것은 상당히 고무적인 일입니다. 혈액순환이 원활해야 건강해지듯이 지식산업센터 시장은 임대, 매매, 분양이 고루 잘 돌아가며 선순환되고 있습니다. 그 선순환의 결과로 가격까지 상승하면서 투자가치가 높은 부동산이 되었습니다.

지식산업센터는 작은 빌딩이 아닌, 최소 1천 평에서 1만 평 이상 되는 토지에 대규모 건물로 들어섭니다. 건물 규모는 말할 것도 없고 기업이 들어와 사업하기에 편리한 모든 인프라를 갖추고 있는 곳이 대부분입니다. 또한 주차가 편리하며 외부에서 오는 바이어들에게도 좋은 인상을 심어줄 수 있어 지식산업센터에는 점점 더 많은 기업이 입주하고자 합니다.

지식산업센터는 어느 부지에나 다 지을 수 있는 부동산이 아닙니다. 준공업지역과 수도권의 신규 택지개발지구에 주로 건설됩니다. 한정된 토지에 지어지는 지식산업센터는 희소한 만큼 그 가치가 꾸준히 상승하고 있습니다. 안정적인 노후를 위해 매달 월세를 받는 수익형 부동산으로서, 그리고 꾸준히 가치가 상승하는 부동산으로서 손색이 없는 지식산업센터는 현 시점에서 가장 적극적으로 투자해야 하는 부동산 시장의 블루오션입니다.

현장에서 느끼기에 2020년부터 지식산업센터 시장에 진입한 투자자 수가 몇 년 전 대비 적어도 10배 이상 늘어난 것 같습니다. 신규 분양 물량도 크게 늘었습니다. 지식산업센터에 대해 잘 알고 투자하는 사람도 있지만, 주거용 부동산에 투자하다가 최근 규제가 강화되어 투자 방향을 이쪽으로 바꾼 분들도 많습니다. 그중에서도 마치 오피스텔이나 아파트를 사듯이 지식산업센터를 선택하고, 나중에 가서 어려움을 겪는 분을 종종 봅니다. 저는 이제껏 유튜브 채널 '박희성의 돈이 되는 퇴근길 TV'에서 지식산업센터에 투자할 때 중점적으로 봐야 할 사항들을 영상으로 만들어왔습니다. 이 책에서는 그 내용을 좀 더 쉽고 체계적으로 정리해 담았습니다.

- 1장에는 지식산업센터가 무엇인지, 어느 지역에 얼마나 있는지 등 전반적인 현황을 정리했습니다.
- 2장에서는 투자할 때 알아야 하는 지식산업센터 고유의 특징과 관련 용어를 살펴봅니다.
- 3장에서는 지식산업센터를 선택할 때 반드시 확인해야 하는 핵심 요소를 다룹니다. 지역을 어떻게 선정할지, 지식산업센터 내에서도 어느 호실이 좋은 지, 인테리어는 어떻게 하면 되는지, 사무실(공장)·상가·기숙사 등 여

러 지식산업센터 중에서 각각을 선택할 때 무엇을 주로 볼지에 대해 언급했습니다.

- 4장에서는 투자 시 조심해야 하는 부분을 살펴봅니다. 지식산업센터가 매력 있는 상품이기는 하지만 일시적으로 많이 공급된다거나 계약상의 문제로 고통을 겪는 투자자들이 있습니다. 이런 것들을 사전에 방지하고, 문제가 발생했다면 어떻게 처리해야 하는지 알아봅니다.
- 5장에서는 지식산업센터가 있는 주요 지역에 대해 설명합니다. 서울과 수도권을 위주로 다루었습니다.
- 6장에서는 지식산업센터 분양·매매·임대에 수반되는 관련 절차와 세금을 살펴봅니다. 산업단지 입주 및 변경 절차와 취득·보유·양도 시 세금에 대해 이해하기 쉽게 정리했습니다.
- 부록에는 홈택스를 통한 사업자등록 및 부가가치세 조기 환급 절차, 손품으로 정보를 알아보는 방법과 임장 때 챙겨봐야 하는 것 등을 담았습니다.

이 책이 지식산업센터에 투자하려는 분들에게 조금이나마 도움이 되기를 바랍니다.

• 차례 •

프롤로그　지식산업센터 투자는 블루오션입니다　　　　　　　　　4

| 1장 |

지식산업센터란 무엇인가?

지식산업센터가 무엇일까?　　　　　　　　　　　　　　　　17
오피스, 오피스텔, 기숙사, 지식산업센터의 차이　　　　　　20
지식산업센터의 현황을 알아보자　　　　　　　　　　　　24
사례 1 세일하는 지식산업센터를 눈여겨보자　　　　　　40

| 2장 |

지식산업센터 기본 지식 키우기

용도별 호실 구분과 입주 가능 업종	47
수익률은 어떻게 계산할까?	53
분양가를 결정하는 방법	59
전용률, 전용면적, 공용면적은 무엇일까?	66
지식산업센터 도면 보는 방법	69
시행사, 시공사, 신탁사, 분양대행사	80
사례 2 좋은 물건도 안 팔리는 시기가 투자의 적기다	82

| 3장 |

무조건 오르는 지식산업센터 투자법

어느 지역을 선택할까?	89
어떤 지식산업센터를 선택할까?	102
어느 호실을 선택할까?	115
제조형 드라이브 인은 무엇을 봐야 할까?	120
지원시설은 어떻게 투자해야 할까?	123
인테리어로 수익률 높이기	129
앞으로의 부동산 시장, 어떤 전략을 세워야 할까?	133
사례 3 이왕이면 희소성 있는 지식산업센터를 선택하자	138

| 4장 |

지식산업센터 투자, 이것만은 조심하자

지식산업센터 투자 시 주의해야 할 점   145
분양계약서에서 꼭 확인해야 할 사항   153
사업자 형태와 대출에 대하여   160
대출에 관한 모든 궁금증   163
임대가 안 나가면 어떻게 해야 할까?   167
기숙사 투자 어떻게 봐야 할까?   173
사례 4 노후 대비용 상품으로 충분하다   176

| 5장 |

어느 지역을 봐야 할까?

구로구/금천구: 서울디지털산업단지   183
성동구 성수동 지식산업센터   194
송파구 문정지구 지식산업센터   198
영등포구 지식산업센터   202
수도권 지식산업센터 밀집 지역   206
신규 지식산업센터가 들어갈 곳: 택지개발지구   213
사례 5 직장에 다닌다면 쉽게 레버리지를 이용할 수 있다   216

| 6장 |

지식산업센터 투자 절차와 세금

분양부터 입주, 임대, 양도까지   223

취득 단계에서의 세금   231

보유 단계에서의 세금   237

매도 단계에서의 세금   249

기타 비용으로는 무엇이 있을까?   254

사례 6 최악의 경우를 감안하고 투자해야 한다   264

에필로그 그래서 어디를 살까요?   268

부록 1 ★ 업무지원시설 입주 가능 업종   272

부록 2 ★ 손품 팔기(검색 및 자료 수집)   274

부록 3 ★ 발품 팔기(임장)   284

부록 4 ★ 홈택스에서 개인사업자 등록하기   287

부록 5 ★ 홈택스에서 건물분 부가가치세 조기 환급 받기 294

주   302

주거는 우리가 살아가는 곳이라 투자의 감을 잡기가
상대적으로 쉽지만, 지식산업센터는 명칭부터 생소해
첫발을 들이기가 쉽지 않습니다. 하지만 주거용 상품보
다는 덜 복잡하고, 특정 지역에 집중되어 있기 때문에
한번 파악하면 그 이후 투자는 더 쉽습니다. 이 장에서
는 지식산업센터가 무엇인지 확실한 개념을 잡아 투자
를 위한 토대를 마련해보겠습니다.

1장

지식산업센터란
무엇인가?

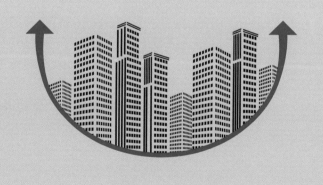

지식산업센터가
무엇일까?

구로·가산동의 서울디지털산업단지와 문정역 주변 또는 성수동에 가본 사람이라면 10층 이상의 고층 빌딩으로 거리가 가득 메워져 있는 모습을 보았을 것입니다([그림 1] 참조). 오피스 빌딩처럼 보이는 이런 건물들이 바로 지식산업센터입니다. 서울에는 주로 준공업지역에 지어지기 때문에 여러 채의 지식산업센터가 군락을 이루는 특징이 있습니다.

　지식산업센터의 원래 명칭은 '아파트형공장'입니다. 우리나라는 토지가 넓지 않기 때문에 토지를 효율적으로 사용하고자 정부에서 여러 기업이 집합 건물에 입주할 수 있도록 허가를 내주었는데, 이

그림 1 ▶ 가산동 지식산업센터

것이 아파트형공장입니다. 최초의 아파트형공장은 1989년에 건설된 '인천주안공장'입니다. 그 이후 구로국가산업단지, 성수동 준공업지역, 안양 인덕원 주변 공업지역과 부천 및 성남 공업지역을 중심으로 퍼져나갔습니다. 아파트형공장이란 말 자체에서 지식산업센터가 원래 공장 중심이었다는 것을 알 수 있습니다. 서울은 더 이상 제조 공장의 신규 등록이 안 되는데, 유일하게 지식산업센터에서의 신규 등록은 가능합니다.

2000년대 들어 우리나라 산업이 제조업 기반에서 정보통신, IT 기반으로 넘어가면서, 이에 맞춰 아파트형공장도 변신했습니다. 일

표 1 ▶ 시기별 지식산업센터의 특징[1]

시기	지식산업센터의 특징
1990년대	• 제조 중심 공장 집합체로 시너지 효과 기대 • 보통 7층 규모의 편복도 건물로 화물 적재 로딩 데크를 갖추어 화물 이동 편리성 도모
2000년대	• 첨단 설비와 통신시설 및 인테리어의 고급화 • IT 및 벤처 기업 입주 중심의 인텔리전트 빌딩화
2010년대	• 대형 건설업체의 진입 • 건물 대형화, 고급화, 브랜드화 • 호실 소형화
2020년대	• 대형 건설업체 브랜딩 정착 • 복합 문화시설 등 부가 가치 제공

반 제조에서 첨단 제조나 정보통신업, 벤처기업들이 선호하는 첨단 인텔리전트 빌딩으로 모습이 바뀌었고, 그 안의 각 호실도 제조 공장보다는 사무 공간에 적합하게 변화했습니다. 이에 2010년 4월부터 그 명칭도 아파트형공장에서 지식산업센터로 변경되었습니다. 그 이후 1군 건설사의 진입이 가속화되면서 지식산업센터는 대형화·고급화되고 있으며 현재는 복합 문화시설을 함께 유치하는 등 다양한 형태로 진화하고 있습니다.

오피스, 오피스텔, 기숙사, 지식산업센터의 차이

지식산업센터와 외형적으로 또는 기능적으로 비슷한 부동산 상품들이 있습니다. 지식산업센터의 사무 공간과 일반 오피스가 비슷하며, 사무 용도로 사용하는 오피스텔도 그 기능이 비슷합니다. 또한 지식산업센터의 기숙사는 주거용 오피스텔과 비교해봤을 때 큰 차이가 없습니다. 하지만 각각을 구분할 수 있는 몇 가지 특징이 있습니다. 그렇다면 구체적으로 다른 점은 무엇인지 하나씩 살펴보도록 하겠습니다.

🗺️ 오피스 빌딩과 지식산업센터

외관상 오피스 빌딩과 지식산업센터는 큰 차이가 없습니다. 사옥으로 오피스 빌딩을 짓다가 지식산업센터로 허가받는 경우도 있고 그 반대의 경우도 있기에 빌딩 외형만으로는 구분이 어렵습니다. 가장 큰 차이는 지식산업센터는 지자체나 한국산업단지공단의 관리를 받으며, 입주할 수 있는 업종에 제한이 있다는 점입니다.

세금 혜택은 지식산업센터에만 있으며, 일반적으로 지식산업센터의 관리비가 더 쌉니다. 오피스 빌딩은 건물주가 하나인 데 반해 지식산업센터는 호실별로 소유주가 따로 있습니다. 이렇게 입주한 소유주 대표들로 관리단이 구성되어 비용을 상세히 따지므로 건물주가 있는 오피스 빌딩보다 관리비가 저렴합니다. 지식산업센터의 관리비는 평당 5천~7천 원 정도이며, 일반 오피스 빌딩은 평당 2만~5만 원 정도입니다. 또한 지식산업센터는 대출이 70~90%까지 가능하지만 일반 오피스의 대출은 50~70% 정도만 가능합니다.

🗺️ 주거용 오피스텔과 기숙사

주거용 오피스텔과 지식산업센터의 기숙사도 외관과 기능상으로는 동일합니다. 다만 기숙사는 오피스텔보다 가격이 저렴한 대신 입주자 자격 제한이 있습니다. 기숙사는 해당 지식산업센터 또는 그 주위 산업단지 내 근무 인력으로 입주자가 제한되며, 오피스텔은 그런 제한이 없습니다.

기숙사를 보유하려면 개인사업자나 법인사업자를 내야 하며 오피스텔은 개인이 구입할 수 있습니다. 임대인 입장에서는 큰 차이가 있는데, 주거용 오피스텔은 주택 수에 포함되지만 기숙사는 주택 수에서 제외됩니다.

📍 라이브 오피스와 사무용 오피스텔

라이브 오피스는 지식산업센터 내에 화장실, 샤워실과 다락 등을 설치해서 업무와 휴식 공간을 분리해 사용할 수 있도록 구성한 것을 말합니다. 겉보기에는 기숙사나 오피스텔과 비슷하지만, 여기서 '휴식 공간'이라고 쓴 것에 주의해야 합니다. 사무실에서는 주거를 하지 못하기 때문에 라이브 오피스는 '휴식'이라는 문구로 영업을 합니다.

라이브 오피스와 비슷한 시도는 이미 10년 전에도 있었습니다. 당시 에이스건설에서 지식산업센터 내에 화장실과 파우더룸까지 따로 만들어 제공했습니다. 그러나 이런 시도는 단순 사무실이나 공장을 원하는 기업 입장에서는 그리 큰 이점을 주는 시설이 아니었기 때문에 별로 인기가 없었습니다. 최근에는 라이브 오피스가 인기를 끌고 있는데, 이것은 현재 소호(소규모 자영업)나 스타트업이 많은 현상과 밀접한 연관이 있습니다. 라이브 오피스를 선택할 때 일반 투자자들이 유의할 점 중 하나는 화장실과 샤워실 면적이 전용면적에 포함된다는 것입니다. 이로 인해 실제 사용하는 공간의 전용률은 더 떨어집니다.

지식산업센터의
현황을 알아보자

지식산업센터는 승인부터 완공까지 전 단계를 국가에서 관리합니다. 국가가 지정한 산업단지 내에 있는 것은 한국산업단지공단에서, 그 이외는 해당 지자체에서 관리합니다. 아무래도 산업단지 내의 지식산업센터가 더 엄격하고 세밀하게 관리됩니다. 가끔 계획 입지, 개별 입지란 말을 쓰는 경우도 있는데 산업단지를 계획 입지, 산업단지 외를 개별 입지라고 합니다.

2020년 11월 말 기준 한국산업단지공단에 등록된 지식산업센터는 모두 1,184개입니다([그림 2] 참조). 그중 약 75%가 서울과 경기도에 있습니다. 집중도는 개별 입지에서 더 심한데, 개별 입지 내

그림 2 ▶ 전국 지식산업센터 분포(승인~입주 완료 포함)[2]

전체(개별 입지＋산업단지)

적음 ——▶ 많음

	시도	개수
1	경기도	524
2	서울특별시	362
3	인천광역시	75
4	부산광역시	43
5	대구광역시	32
6	경상남도	25
7	광주광역시	19
8	전라남도	18
9	충청북도	18
10	기타	68
	합계	1,184

개별 입지

적음 ——▶ 많음

	시도	개수
1	경기도	397
2	서울특별시	194
3	인천광역시	27
4	전라남도	14
5	부산광역시	13
6	충청북도	12
7	대구광역시	9
8	경상남도	9
9	강원도	8
10	기타	26
	합계	709

산업단지

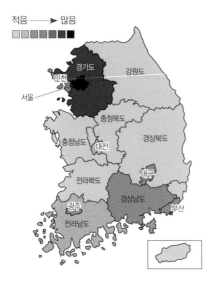

적음 ──▶ 많음

	시도	개수
1	서울특별시	168
2	경기도	127
3	인천광역시	48
4	부산광역시	30
5	대구광역시	23
6	경상남도	16
7	광주광역시	16
8	대전광역시	11
9	전라북도	9
10	기타	27
	합계	475

지식산업센터의 약 83%가 서울과 경기도에 있습니다.

⌖ 서울

서울 소재 총 362개의 지식산업센터 중 건축 중이거나 건축 완료된 지식산업센터는 315개입니다([그림 3] 참조). 서울디지털산업단지가 있는 금천구와 구로구에 전체의 54%가 있고, 성동구와 영등포구를 포함하면 서울 전체 물량의 84%가 이들 4개 구에 있습니다. 산업단지 외 지역만 보면 41%인 68개가 성동구에 있어 압도적인 1등입니

그림 3 ▶ 서울 지식산업센터 분포(건축 중 및 건축 완료)[3]

전체(개별 입지+산업단지)

	구	개수
1	금천구	122
2	성동구	68
3	구로구	49
4	영등포구	27
5	송파구	17
6	강서구	15
7	노원구	3
8	기타	14
	합계	315

개별 입지

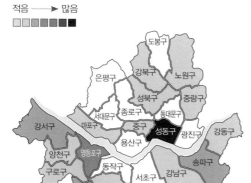

	구	개수
1	성동구	68
2	영등포구	27
3	송파구	17
4	금천구	14
5	강서구	15
6	구로구	6
7	노원구	3
8	기타	14
	합계	164

산업단지

적음 ──▶ 많음

	구	개수
1	금천구	108
2	구로구	43
	합계	151

다. 그 뒤를 영등포구와 송파구가 따라가고 있습니다.

상위 4개구의 지식산업센터를 대지면적과 연면적으로 분류해보면 [그림 4]와 같습니다. 전체적으로 대지면적은 1천~3천 평 사이가 전체의 52%인 165개로 제일 많고, 3천 평 이상은 16%인 50개로 상대적으로 적습니다. 성동구는 다른 구에 비해 대지면적이 작은 지식산업센터가 많습니다. 1천 평 이하 대지에 지은 것이 43개(63%)로 과반수가 넘습니다.

연면적도 대지면적과 비슷한 추세입니다. 산업단지가 있는 금천구와 구로구에 연면적 1만 평 이상이 많으며, 성동구는 지식산업센터의 21%인 14개만이 연면적 1만 평을 넘습니다. 연면적이 클수록 편의시설이 많이 배치되며, 공용면적이 커서 상대적으로 쾌적합니다.

그림 4 ▶ 서울 4개구 지식산업센터 대지면적·연면적별 분포(건축 중 및 건축 완료)[4]

대지면적 기준

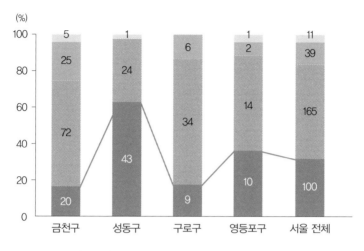

■ 1천 평 이하 ■ 1천~3천 평 ■ 3천~5천 평 ■ 5천 평 이상

연면적 기준

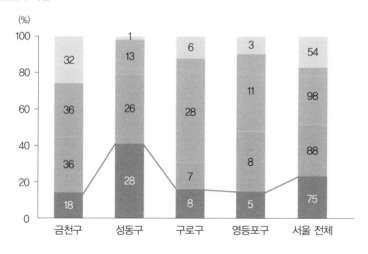

■ 5천 평 이하 ■ 5천~1만 평 ■ 1만~2만 평 ■ 2만 평 이상

지식산업센터란 무엇인가?

그림 5 ▶ 서울 주요 지역 지식산업센터 평당 매매가 및 임대가

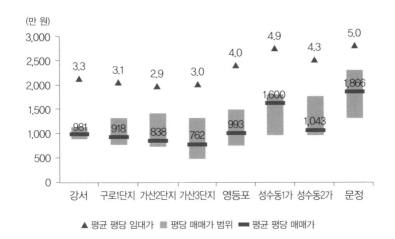

▲ 평균 평당 임대가　　■ 평당 매매가 범위　　━ 평균 평당 매매가

2020년 11월 말 기준 서울 주요 지역의 가격은 [그림 5]와 같습니다. 회색 막대는 평당 매매가의 범위입니다. 최저가부터 최고가까지 표시되어 있으며, 중간의 파란 선이 평당 평균 매매가입니다. 상단의 세모는 평당 평균 임대가를 나타냅니다.

- 구로·가산에 있는 서울디지털산업단지의 경우 평균 가격은 1단지 > 2단지 > 3단지순입니다.
- 평당 매매가와 임대가는 문정지구가 제일 높으며, 그 뒤를 성수동1가와 2가, 영등포가 따라가고 있습니다.
- 산업단지 내 지식산업센터는 개별 입지보다 많이 저렴했는데 최근 가격 차이가 좁아지고 있습니다.

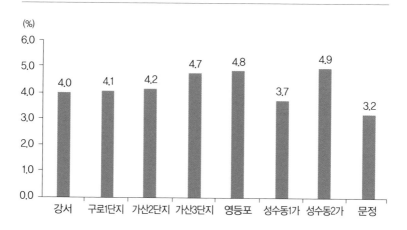

그림 6 ▶ 서울 주요 지역 지식산업센터 임대 수익률

서울 주요 지역 지식산업센터의 임대 수익률은 성수동1가와 문정지구를 제외하고는 4%를 넘어갑니다. 최근 대출 이자는 2~3%대 초반이므로, 이 두 지역에서는 수익형보다는 시세 차익을 목표로 하는 투자 전략이 필요합니다.

경기도 및 인천광역시

경기도와 인천광역시의 지식산업센터는 승인받은 것을 포함하면 총 599개이고, 그중 건축 중이거나 건축이 완료된 것은 480개입니다 ([그림 7] 참조). 시흥이 72개로 가장 많고, 인천, 부천, 성남순입니다.

개별 입지에 있는 지식산업센터는 시흥, 부천, 안양에 전체의 44% 가 있으며, 산업단지 내 지식산업센터는 인천과 성남에 53%가 집중 되어 있습니다. 특히 성남과 안산의 경우 산업단지 내 지식산업센터 물량이 압도적으로 많습니다. 안산은 100%가 산업단지에 있으며 성남은 91%가 산업단지에 위치합니다.

그림 7 ▶ 경기도 및 인천 지식산업센터 분포(건축 중 및 건축 완료)[5]

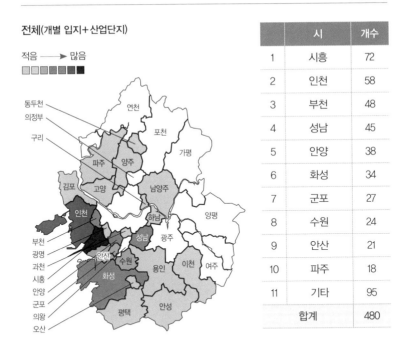

전체(개별 입지+산업단지)

적음 ──→ 많음

	시	개수
1	시흥	72
2	인천	58
3	부천	48
4	성남	45
5	안양	38
6	화성	34
7	군포	27
8	수원	24
9	안산	21
10	파주	18
11	기타	95
합계		480

개별 입지

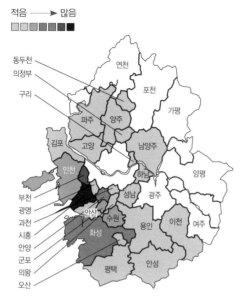

적음 ──▶ 많음

	시	개수
1	시흥	61
2	부천	47
3	안양	38
4	화성	31
5	군포	26
6	인천	21
7	수원	21
8	용인	16
9	의왕	11
10	남양주	11
11	기타	50
	합계	333

산업단지

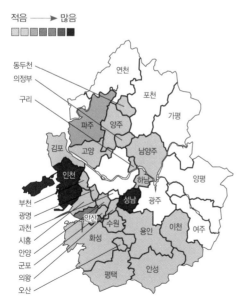

적음 ──▶ 많음

	시	개수
1	성남	41
2	인천	37
3	안산	21
4	파주	17
5	시흥	11
6	김포	7
7	화성	3
8	수원	3
9	평택	2
10	부천	1
11	기타	4
	합계	147

표 2 ▶ 대지면적별 경기도 및 인천 지식산업센터(건축 중 및 건축 완료)[6]

	대지면적	1천 평 이하	1천~3천 평	3천~5천 평	5천 평 이상	합계
1	시흥	51	14	4	3	72
2	인천	14	28	10	6	58
3	부천	32	5	4	7	48
4	성남	8	22	10	5	45
5	안양	10	19	3	6	38
6	화성	13	14	3	4	34
7	군포	13	11	1	2	27
8	수원	6	13	3	2	24
9	안산	4	6	5	6	21
10	파주	17	1	–	–	18
11	용인	2	4	4	7	17
12	김포	2	10	2	2	16
13	의왕	4	7	–	1	12
14	남양주	1	5	2	3	11
15	고양	2	4	–	3	9
16	하남	–	3	1	4	8

경기도 및 인천의 지식산업센터를 대지면적 기준으로 분류한 것이 [표 2], 연면적 기준으로 분류한 것이 [표 3]입니다.

표 3 ▶ 연면적별 경기도 및 인천 지식산업센터(건축 중 및 건축 완료)[7]

	연면적	5천 평 이하	5천~1만 평	1만~3만 평	3만 평 이상	합계
1	시흥	53	2	16	1	72
2	인천	22	11	19	6	58
3	부천	33	3	7	5	48
4	성남	6	6	30	3	45
5	안양	8	9	17	4	38
6	화성	12	10	10	2	34
7	군포	14	3	8	2	27
8	수원	7	3	12	2	24
9	안산	9	2	8	2	21
10	파주	17	1	–	–	18
11	용인	3	2	6	6	17
12	김포	6	3	6	1	16
13	의왕	4	3	4	1	12
14	남양주	1	3	5	2	11
15	고양	4	–	4	1	9
16	하남	1	–	2	5	8

- 해당 지자체의 지식산업센터 중 1천 평 이하 소형 대지에 있는 비율이 높은 곳은 파주 94%, 시흥 71%, 부천 67%순입니다.

- 연면적 3만 평 이상 대형 지식산업센터는 희소하며, 인천/용인 각 6개, 부천/하남 각 5개 등이 있습니다.

🗺️ 지식산업센터 신규 승인 현황

지식산업센터를 건설하려면 사전 승인이 필요합니다. [그림 8]은 2011년부터 2020년까지의 지식산업센터 승인 건수입니다. 2008년 9월의 리먼 사태 이후 분양 시장에는 미분양 물건이 쌓였습니다. 그래서 2011년부터 2014년까지는 승인(신규 및 변경) 건수가 평균 36건으로 적습니다. 2015년부터는 이 미분양분이 해소되면서 매년 승인 물량이 급격하게 늘어나고 있으며, 2020년에는 2014년 대비 약 4배 물량에 달하는 141건이 승인되었습니다. 이렇게 많은 물량이 입주하는 시점에 수요가 받쳐주지 않으면 공급 과다에 의한 임대 리스크가 있을 것으로 예상됩니다.

그림 8 ▶ 연도별 지식산업센터 승인 및 변경 건수[8]

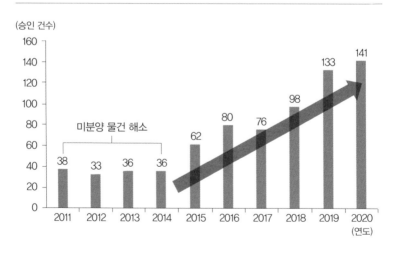

 **지식산업센터와 준공업용지**

앞에서 살펴본 것과 같이 서울의 지식산업센터는 구로, 금천, 성동, 영등포, 송파, 강서 등 6개구에 집중되어 있습니다. 이는 서울의 지식산업센터가 대부분 준공업지역에 지어지는데, 준공업지역 토지가 이 6개구에 있어서 그렇습니다([그림 9] 참조).

지식산업센터를 반드시 준공업지역에 지을 필요는 없습니다. 지식산업센터는 건축법상 '공장'으로 분류되며 주거지역(일반, 준주거), 상업지역(중심, 일반, 근린), 공업지역(전역) 및 녹지지역(자연, 생산) 등

그림 9 ▶ 서울 준공업지역[9]

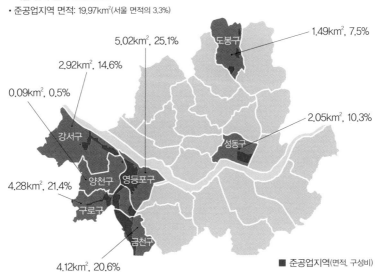

- 서울 전체 면적: 605.21km^2
- 준공업지역 면적: 19.97km^2(서울 면적의 3.3%)

5.02km^2, 25.1%

2.92km^2, 14.6%

0.09km^2, 0.5%

1.49km^2, 7.5%

도봉구

2.05km^2, 10.3%

성동구

강서구

양천구 영등포구

4.28km^2, 21.4%

구로구

금천구

4.12km^2, 20.6%

■ 준공업지역(면적, 구성비)

표 4 ▶ 도시지역 용도지역별 지식산업센터 입지 허용 여부 및 용적률

용도지역 구분		허용[10]	허용 행위	용적률[11]
주거지역	전용	X	–	50~150%
	일반	O	인쇄업, 기록매체 복제업, 봉제업, 컴퓨터 및 주변기기 제조업, 컴퓨터 관련 전자제품 조립업, 두부 제조업의 공장 및 지식산업센터(공해 공장 제외)	100~300%
	준	O		200~500%
상업지역	중심	O	출판업, 인쇄업, 금은세공업 및 기록매체 복제업	200~1,500%
	일반	O	공장(공해 공장 제외)	300~1,300%
	근린	O		200~900%
	유통	X	–	200~1,100%
공업지역	전용	O	모든 공장 허용	150~300%
	일반	O		150~350%
	준	O	모든 공장 허용(조례에 따라 5천㎡ 미만 가능)	150~400%
녹지지역	자연	O	공장 중 지식산업센터, 도정 공장 및 식품 공장과 읍면지역에 건축하는 제재업 공장 및 첨단업종 공장(공해 공장 제외)	50~100%
	생산	O	공장 중 지식산업센터, 식품공장, 1차 산업 생산품 가공 공장과 첨단 업종 공장(공해 공장 제외)	50~100%
	보존	X	–	50~80%

다양한 용도지역에 지을 수 있습니다([표 4] 참조). 다만 수익률 측면에서는 아직까지 준공업지역에 지을 때가 가장 좋습니다.

- 상업지역은 용적률이 높지만 업무, 판매, 주거 등 여러 용도로 활용할 수 있기 때문에 지식산업센터 이외의 용도로 개발할 때 이익이 더 큽니다.
- 주거지역 용적률은 괜찮은 편입니다. 요즘은 3종이나 준주거지역 토지가격이 올라서 지식산업센터가 잘 안 들어갑니다. 2020년 분양한 강남구 자곡동 엑슬루프라임은 준주거지역에 위치해 있습니다.
- 녹지지역은 용적률이 낮아 경제성이 없습니다.

결과적으로 건축 용적률이 잘 나오고 땅값도 어느 정도 저렴한 준공업지역에 지식산업센터가 많이 들어갑니다. 이런 이유로 인해 서울 지식산업센터의 80% 이상이 준공업지역에 있습니다.

세일하는 지식산업센터를
눈여겨보자

구로구에서 작은 사업체를 운영하는 A대표님은 가까운 구로동이나 가산동의 지식산업센터로 이전하고자 했습니다. 기존 사업체에서 가깝고, 취득세나 재산세 감면이 있어 이왕 살 것이면 지식산업센터가 괜찮아 보였기 때문입니다. 하지만 자금 사정이 넉넉하지 않아 적당한 물건을 못 찾던 차에 지식산업센터 B에 입주 지원금이 있다는 이야기를 들었습니다. 그곳은 2020년 하반기에 준공되었는데 분양이 저조했습니다. 역에서 멀어 입지가 모호했으며, 위치 좋은 곳에 다수의 지식산업센터가 지어지고 있어 관심을 받지 못했기 때문입니다.

분양이 더뎌지면 시행사나 건설사 및 돈을 빌려준 금융사에서는 여러 가지 자구책을 쓰게 됩니다. 어떤 방식이든 분양이 되어야만 정상적으로 사업이 진행될 수 있기 때문입니다. 가장 흔하게 쓰는 방식이 할인과 입주 지원금 등의 금전적 지원입니다. 입주 지원금 방식은 리먼 사태 후 오랜 미분양 시기를 거치면서 행해졌던 자구책입니다. 입주 지원금이 있다면 매수자는 좋은 조건으로 분양을 받을 수 있습니다. 특히 요즘처럼 분양이 잘 되고 투자자가 넘치는 시기에 이런 입주 지원금은 상당히 드문 기회입니다.

할인 분양과 입주 지원금은 둘 다 가격을 낮춘다는 점에서는 같지만 그 성격이 다릅니다. 일반 할인 분양과 다르게 입주 지원금은 분양 사원을 통해서 받기 때문에 실질적으로 자기자본이 더 적게 들어갑니다. 입주 지원금의 효과를 실제 할인 분양과 비교해보면 더 이해가 빠를 것 같습니다.

예를 들어 2억 원짜리 지식산업센터를 10% 할인 분양한 경우와 10% 입주 지원금을 받은 경우를 비교해보겠습니다. 두 경우 모두 2천만 원을 깎아서 산 효과가 있습니다. 둘 다 80% 대출을 받았다고 가정하고, 계산의 편의를 위해 세금 부분은 뺐습니다.

할인 분양을 받는다면 지식산업센터 가격이 1억 8천만 원입니다. 80% 대출로 대출금은 1억 4,400만 원이며 나머지 3,600만 원을 자납(대출이 아닌 자기가 가진 돈으로 납부)합니다. 반면 입주 지원금을 받는다면, 2억 원에 대한 80% 대출을 받아 1억 6천만 원이 대출

	할인 분양	입주 지원금
원 공급금액	2억 원	2억 원
할인금액	2천만 원	–
최종 공급금액	1억 8천만 원	2억 원
대출금액(80%)	1억 4,400만 원	1억 6천 원
자납금액	3,600만 원	4천만 원
입주 지원금액	–	2천만 원
최종 자납금액	3,600만 원	2천만 원

금이고 4천만 원을 자납합니다. 그 후 입주 지원금으로 2천만 원을 받아 최종적으로 자기자본은 2천만 원만 들어갑니다. 결론적으로 할인 분양과 입주 지원금 모두 매수자에게는 이익이지만, 입주 지원금 쪽에 더 많은 레버리지 효과가 있습니다.

A대표님의 지식산업센터 B 매입 조건은 2020년 말까지 잔금을 치르는 것이었습니다. 지하철역에서 멀기는 하지만 도보 15분 거리에 역이 2개 있고 버스 정류장도 5분 거리에 있었습니다. 문제는 지식산업센터 B를 포함해 그 근처의 미분양률이 높다는 것이었습니다. 하지만 가산동에 앞으로 남은 부지가 얼마 없기 때문에 길지 않은 시간 내에 미분양이 해소될 것으로 판단했습니다. 특히 구로동과 가산동의 산업단지는 서울에서 법인을 처음 설립하는 경우 취득세 중과에 해당되지 않습니다. 따라서 소형 호실의 임대나 매매가 상대적으로 괜찮아 향후에 처분 시 큰 무리는 없을 것 같았습니다. A대

표님은 2020년 10월에 계약을 했고 얼마 지나지 않아 해당 지식산업센터와 주변 미분양 물건은 모두 해소되었습니다. 특히 주변에 있는 지식산업센터들이 제 가격에 분양했기 때문에 당장 팔더라도 입주 지원금만큼의 이익을 얻을 수 있습니다.

박 대표의 Tip

현재는 지식산업센터 분양 시장이 호황입니다. 하지만 경기는 일정 사이클을 타기 때문에 경기가 꺾이고 미분양이 쌓이는 시점에 괜찮은 물건이 할인 분양되거나 입주 지원금을 준다면 긍정적으로 고려해보세요.

어느 업계나 내부에서 사용하는 고유한 용어와 통용되는 기준이 있습니다. 이런 부분에 대한 이해가 부족하면 상황 파악이 잘 되지 않거나, 잘못된 판단을 초래할 수 있습니다. 이 장에서는 지식산업센터 투자에 앞서 기본적으로 알아두어야 할 지식들을 짚어보겠습니다.

| 2장 |

지식산업센터
기본 지식 키우기

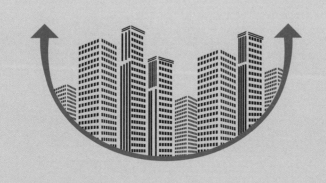

용도별 호실 구분과
입주 가능 업종

지식산업센터의 견적서나 계약서를 보면 각 호실이 공장, 근린생활시설, 지원시설 등으로 표현된 것을 볼 수 있습니다([그림 1] 참조).

어떤 종류가 있는지, 그리고 입주 가능한 업종은 무엇인지 알아보겠습니다.

용도별 호실 구분

지식산업센터의 전체 호실은 크게 공장과 업무지원시설로 나누어짐

그림 1 ▶ 지식산업센터 종단면도(예시)

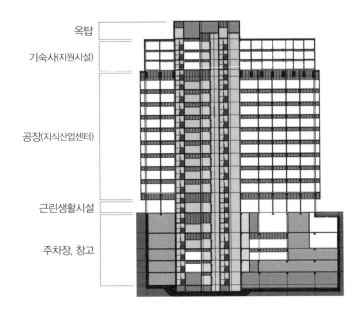

옥탑
기숙사(지원시설)
공장(지식산업센터)
근린생활시설
주차장, 창고

니다. '공장'은 명칭이 공장일 뿐 실제 공장이 들어가야 하는 것은 아닙니다. 제조형으로 특화된 것이 아닌 경우 대부분의 '공장' 호실은 사무용으로 사용됩니다.

　업무지원시설은 다시 1종 근린생활시설, 2종 근린생활시설, 사무실, 창고, 기숙사 등으로 나뉩니다. 입주 업종 제한이 거의 없고(부록 1 참조), 일반인 투자가 가능합니다. 업무지원시설 중 사무실은 최고층에 위치하는 경우가 많습니다. 겉으로 보기에는 지식산업센터 일반 호실과 같은 모양이지만 분양가와 취득세 감면, 대출 비율에서

표 1 ▶ 1종 및 2종 근린생활시설에 들어갈 수 있는 업종 예시

1종 근린생활시설(일부 예시)	2종 근린생활시설(일부 예시)
• 슈퍼마켓, 일용품점: 바닥면적 합 1천m² 미만 • 휴게음식점, 제과점: 바닥면적 합 300m² 미만 • 이발소, 미용원, 일반 목욕장 • 의원, 치과의원, 한의원, 침술원 • 우체국, 공공도서관: 바닥면적 합 1천m² 미만	• 일반음식점 • 휴게음식점, 제과점: 바닥면적 합 300m² 이상 • 테니스장, 체력단련장, 에어로빅장, 볼링장, 당구장, 골프연습장: 바닥면적 합 500m² 미만 • 금융업소, 사무소, 부동산중개업소, 결혼상담소, 출판사: 바닥면적 합 500m² 미만 • 사진관, 학원(자동차학원, 무도학원 제외), 동물병원

차이가 있습니다.

업무지원시설 중 근린생활시설은 공장인 호실보다 비싸며, 주로 1~3층에 위치합니다. 근린생활시설은 건축법상 용도를 구분할 때 사용하는 용어로, 일상생활에 필요한 시설을 말합니다. 지식산업센터의 상가에 투자한다고 할 때 이 상가는 근린생활시설입니다. 1종과 2종이 있으며, 종류가 많기 때문에 몇 가지만 예로 들어보면 [표 1]과 같습니다.

'업종 지정'이라는 용어도 종종 들을 수 있는데, 이것은 그 지식산업센터 내에서 해당 업종은 정해진 호실만 사용할 수 있게 미리 정한 것을 말합니다. 이 부분은 3장에서 다시 자세하게 다루겠습니다.

📍 어떤 업종이 입주 가능할까?

'공장'인 호실은 입주할 수 있는 업종에 제한이 있습니다. 특히 분양을 받을 때는 앞으로 사업할 것을 가정하기 때문에 임대업으로는 분양되지 않습니다.

- **실입주 기업**(개인사업자, 법인): 입주 가능 업종을 준수하면 산업단지 내외 모두 입주 가능
- **투자**(임대업): 산업단지 내 투자 불가, 산업단지 외 가능

입주 업종은 「산업집적활성화 및 공장설립에 관한 법률」(이하 산집법) 제28조의5에 명시되어 있습니다.

제28조의5(지식산업센터에의 입주)

① 지식산업센터에 입주할 수 있는 시설은 다음 각 호의 시설로 한다. 〈개정 2010. 4. 12.〉

1. 제조업, 지식기반산업, 정보통신산업, 그 밖에 대통령령으로 정하는 사업을 운영하기 위한 시설

2. 「벤처기업육성에 관한 특별조치법」 제2조 제1항에 따른 벤처기업을 운영하기 위한 시설

3. 그 밖에 입주업체의 생산 활동을 지원하기 위한 시설로서 대통령령으로

정하는 시설

② 제1항 제1호에 따라 지식산업센터에 입주할 수 있는 시설의 범위 및 규모는
대통령령으로 정한다. 〈개정 2010. 4. 12.〉

사업자등록증에 여러 업종이 있는 경우, 대부분의 매출이 지식산업센터 입주 가능 업종에서 나와야 합니다. 예를 들어 제조업을 하면서 만든 물건을 통신판매로 파는 경우, 제조업이 입주 가능 업종이므로 제조업의 매출이 통신판매업보다 훨씬 커야 합니다. 산업단지 내 지식산업센터에 입주할 때는 한국산업단지공단에서 실사를 나옵니다. 그때 세금계산서 등을 검토해 맞지 않는 업종이 입주했다면 퇴거 명령을 내릴 수 있습니다. 입주가 불가능한 업종은 지식산업센터 내 업무지원시설에 대부분 입주 가능합니다.

업종이 맞지 않은 경우 대처방법

지식산업센터 입주 가능 업종은 정해져 있습니다. 보험, 의료, 무역, 건설, 교육, 도소매, 유통 등은 들어올 수 없고, 주로 업무지원시설에 입주합니다. 유통 기업 중 지식산업센터 입주에 관심 있는 곳이 많습니다. 단순 유통, 즉 완제품을 사와서 이것을 그대로 납품한다고 하면 입주가 안 됩니다. 하지만 완제품을 만드는데 그중 일정 부분을 가공해 작업한다면 제조로 인정될 수 있습니다. 동일한 매출 금액일 때 상품 유통으로 매출을 일으키는 쪽보다 제조로 매출을 일

으킨 쪽이 더 많은 부가가치를 창출한다고 인정받습니다. 하고 있는 일의 업종을 분석해보고 입주 가능 업종으로 전환 가능한지 체크해 보길 바랍니다. 모두 여의치 않을 경우 업무지원시설은 대부분의 업종이 입주할 수 있으니 여기로 입주하는 것도 방법입니다.

수익률은 어떻게 계산할까?

지식산업센터는 시세 차익보다는 꾸준한 월세 수익이 목적인 수익형 상품입니다. 그래서인지 분양 현장에 가면 높은 임대 수익을 얻을 수 있다고 설명하는 경우가 많습니다. 하지만 사람마다 계산하는 방식이 다르기 때문에 서로 비교하기도 어렵고, 여러 가정이 들어가기 때문에 현실보다 과도하게 계산될 수도 있습니다. 대출을 받으면 10~20%의 자기자본 수익률은 흔히 나오며, 현장에 따라 20~30%의 수익률을 이야기하기도 합니다. 하나의 잣대를 가지고 서로 비교할 수 있도록 대출이 들어가지 않았을 때의 수익률을 계산해보는 습관을 들이는 것이 좋습니다.

물건을 소개받았을 때 그 자리에서 바로 정밀하게 수익률을 계산하기 어렵습니다. 그때는 그냥 월세에 12를 곱하고 이를 전체 매매가(분양가)로 나누어보세요. 저는 이것을 순수 수익률이라고 부르는데, 2021년 초 현재 서울은 이 수익률이 4% 정도면 적당하고, 5% 정도면 수익률이 좋은 것으로 보면 됩니다. 요즘은 분양가가 높아져서 순수 수익률이 4%보다 낮은 경우도 많습니다. 이렇게 순수 수익률로 계산하면 자기자본 수익률을 높아 보이게 하는 함정에서 피할 수 있습니다. 수익률을 정확히 계산하기 위해 고려하는 요소는 4장에서 좀 더 자세히 다루겠습니다.

$$순수 수익률_{(빠른 계산 방식)} = \frac{월세 \times 12}{총\ 매매가_{(분양가)}}$$

📍 대출 가능 금액과 투자에 필요한 금액

대출 가능 금액은 개인이나 기업의 신용 상태와 소득 규모에 따라 다릅니다. 또한 어떤 용도의 호실을 고르느냐에 따라 상한이 어느 정도 정해져 있습니다([표 2] 참조).

분양이나 매수 상담을 받을 때 10%의 계약금만 있으면 된다는 이야기를 많이 듣게 됩니다. 90% 대출이 가능하기 때문에 그렇다는 것인데 그것 말고도 고려해야 할 요소가 많습니다. 일단 대출

표 2 ▶ 지식산업센터 구매 시 잔금 대출 한도(2020년 말 기준)

구분	공장 (지식산업센터)	업무지원시설			
		근생	업무지원	기숙사	창고
실수요자	80~90%	50~70%			
일반 투자자	70~80%				

90%가 나오는 경우는 그리 많지 않습니다. 대출이 80% 나온다고 가정한다면 자기자본은 취득세와 등기비용을 포함해 공급가(매매가)의 약 25%가 있어야 합니다. 인테리어를 해야 한다면 별도의 비용이 필요합니다. 건물분에 대한 부가가치세는 납부했다가 환급을 받습니다. 공급가(매매가)의 6~7% 정도이며 이 금액이 추가로 필요합니다.

분양의 경우 계약금-중도금-잔금을 10%-40%-50% 또는 10%-50%-40% 내는 것이 대부분입니다. 계약 시 중도금 일정 및 잔금 일정이 정해집니다. 중도금은 이자를 대부분 시행사에서 내주고, 중도금에 붙는 부가세도 대출에 포함되는 경우가 많기 때문에 이때는 추가로 자기 돈이 안 들어갑니다. 잔금 대출을 받아서 중도금 대출을 갚고 남은 돈은 잔금 납부에 씁니다([그림 2] 참조).

금액이 얼마나 필요한지 계산하기 편하게 1억 원짜리 지식산업센터를 개인사업자가 사는 경우로 예를 들겠습니다. 1억 원 중 60%인 6천만 원은 건물에 대한 금액이고 나머지 40%인 4천만 원은 토

그림 2 ▶ 분양 단계에서의 납부금액 및 대출금과 자기 부담금

	계약금	중도금	잔금
납부금액	• 계약금 10% • 계약금 건물분 부가세 10% • 부가세는 납부 후 환급	• 중도금 30~50% • 중도금 건물분 부가세 10% • 중도금은 여러 번에 나누어 납부 • 부가세는 납부 후 환급	• 잔금: 계약금과 중도금 제외 금액 • 잔금 건물분 부가세 10% • 부가세는 납부 후 환급
대출금	• 없음	• 중도금 전액 • 중도금 부가세 포함 여부는 현장마다 다름 • 무이자(시행사 이자 부담)	• 부가세 빼고 전체 금액의 50~90%
기타 비용	• 없음	• 없음	• 매매 시 공인중개사비용 • 등기비용
자기 부담금	• 계약금 전액+계약금 건물분 부가가치세	• 없음(중도금 부가세 포함 대출 시) • 중도금 부가세 금액(중도금 부가세 비포함 대출 시)	• 분양금액(부가세 포함) − 계약금(부가세 포함) − 잔금 대출금액+취득세+등기비용

지에 대한 금액으로 가정합니다. 건물분과 토지분으로 나눠보는 것은 중요한데, 분양분 매수 시 부가가치세가 건물분에 대해서만 붙기 때문입니다. 편의상 중도금 대출 시 중도금 부가세도 포함되며, 계약금, 중도금 및 잔금 비율은 10%-40%-50%로 가정합니다. 과정은 다음과 같습니다([그림 3] 참조).

그림 3 ▶ 자기자본 필요 금액 계산 예시

(단위: 만 원)

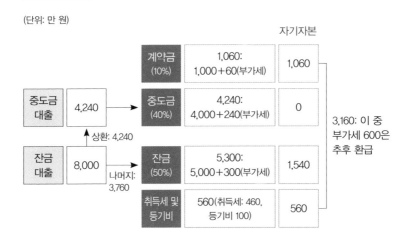

- 계약 시에는 계약금 10%와 계약금의 건물분에 대한 부가세 10%가 필요합니다.

  - **계약금:** 1억 원에 대한 10%는 1천만 원입니다.

  - **계약금의 건물분 부가세:** 1천만 원의 60%인 600만 원이 건물분인데 여기서 10% 부가세가 붙으니 60만 원입니다.

  - **합계:** 총 1,060만 원이 필요합니다. 이 중 60만 원은 환급됩니다.

- 중도금은 40%인 4천만 원이며 이 중 건물분은 2,400만 원(60%), 토지분은 1,600만 원(40%)입니다. 건물분에 대한 부가세는 240만 원입니다. 총금액은 4천만 원 + 240만 원인 4,240만 원입니다. 이 금액은 따로 신경 쓰지 않아도 중도금 대출 처리가 됩니다. 중도금 대출에서 낸 부가세 240만 원은 분양받은 사람에게 조기 환급됩니다.

- 잔금은 80% 대출을 받았다고 가정하겠습니다. 분양금액의 80%이니 8천만 원 대출입니다. 이것으로 중도금 대출인 4,240만 원을 갚고 3,760만 원이 남습니다.
  - 잔금은 50%이니 5천만 원과, 잔금의 건축분(3천만 원)의 10% 부가세인 300만 원이 필요합니다. 합계는 5,300만 원이고, 부가세는 나중에 환급됩니다.
  - 나중에 임대를 생각한다면 취득세는 4.6%입니다. 실입주라면 취득세는 2.3%이고, 실입주 후 5년 보유 조건을 지키지 못하면 추가로 2.3%를 더 내야 합니다. 취득세는 460만 원입니다.
  - 등기비용은 100만 원으로 잡겠습니다.
  - 다 합치면 5,860만 원인데 잔금 대출금에서 중도금 대출분을 갚고 남은 3,760만 원이 있으니 2,100만 원이 추가로 필요합니다.
- 정리하면, 계약금 때 1,060만 원이 필요하고, 잔금 때는 2,100만 원 정도가 필요합니다. 잔금 이전에 환급 받은 계약금 및 중도금 부과세 300만 원이 그대로 있다면 1,800만 원만 추가로 필요합니다. 그리고 잔금에 대한 부가세 300만 원은 나중에 환불됩니다.

분양가를
결정하는 방법

일반 투자자들은 지식산업센터의 분양가가 얼마라고 들으면 이 가격이 높은 것인지 낮은 것인지 감이 잘 오지 않습니다. 사실 분양가가 높은지 낮은지를 논의하는 것은 별 의미가 없습니다. 코로나19가 유행했을 때 마스크 값이 올라가듯이 지식산업센터의 분양가는 시장의 논리에 따릅니다. 아무리 분양가가 높다고 생각되어도 사는 사람들이 있고 완판된다면 사람들 머릿속에 새로운 가격이 각인됩니다. 예를 들어 가산의 분양가는 2019년까지만 해도 평당 1,100만 원 정도가 상한이었습니다. 그런데 최근 평당 1,300만 원대(가산 어반워크, 양지사 부지), 평당 1,400만 원대(가산 KS타워, 한성컴퓨터 부지)가 분

그림 4 ▶ 지식산업센터의 분양가 구성 요소

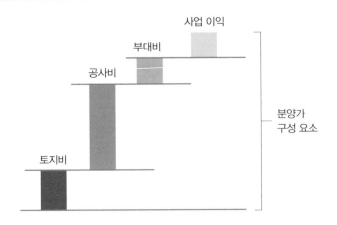

양되고 있고, 구로 해피랜드 부지의 경우 평당 1,600만 원대 분양가 이야기도 나오고 있습니다. 이것들이 잘 분양되고 나면, 비슷한 입지의 물건은 이것보다 더 높은 가격에 분양될 것입니다.

그럼에도 분양가가 어느 정도 나올 것인가를 예상해보는 이유는 향후 나올 물건금액을 예상해볼 수 있고, 이론적으로 계산한 분양가 대비 실제 분양가가 높다면 마진이 많이 붙은 것으로, 인기가 몰리는 현장일 수도 있음을 유추해볼 수 있어서입니다.

분양가가 어떻게 결정되고, 각 요소는 어떤 식으로 산정되는지 알아보겠습니다. [그림 4]와 같이 분양가는 토지비, 공사비, 부대비, 사업 이익 등 네 가지로 구성됩니다. 분양가의 가장 큰 부분을 차지하는 것은 토지비와 공사비입니다.

📍 토지비

서울 준공업지역에 지식산업센터를 짓는다면 대지 1평당 분양평수로 약 7~8배 정도 지을 수 있습니다. 이것을 이해하려면 용적률과 건폐율의 개념을 알아야 합니다([그림 5] 참조).

- **용적률:** 대지 크기 대비 지상 건축물 바닥면적의 합을 용적률이라고 하는데, 준공업지역의 경우 기부채납을 하면 용적률 480%를 받을 수 있습니다. 즉 1평의 땅이 있으면 지상에 4.8평을 올릴 수 있습니다.
- **건폐율:** 대지면적 중에 건축할 수 있는 최대한의 면적을 말합니다. 서울은 준공업 용지에 대해 최대 70%까지 허용합니다. 즉 1평의 땅이 있으면 1층 바닥면적을 최대 0.7평까지 지을 수 있습니다.

과거 10년간 지어진 지식산업센터의 평균 용적률은 474%, 평균 건폐율은 47%입니다. 즉 땅 1평이 있으면 건물은 땅의 반 정도를 차지하게 지었다는 것입니다. 지상으로 대지면적의 4.8배를 올릴 수 있는데 땅을 반만 써서 층을 올려야 하니 10층 건물 높이가 됩니다 (4.8/0.5 = 9.6).

지하로 파는 것은 좀 더 넓게, 대지의 약 80% 정도를 팝니다. 요즘은 지하 4층이 보편화되어 있기에 1평의 땅이 있다면 3.2평(1평×80%×4층)을 지을 수 있습니다. 지상에 4.8평, 지하에 3.2평 지을 수

그림 5 ▶ 용적률과 건폐율

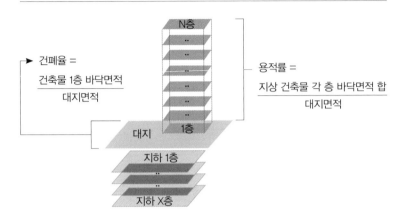

있으므로 대지 1평으로 총 8평의 건물을 만들 수 있습니다. 거꾸로 이야기하면 건물 1평에는 대지 1/8평이 들어갔다고 보면 됩니다.

2019년 11월에 팔린 가산 양지사 부지는 5,132평이 1,700억 원에 거래되었습니다. 평당 3,313만 원입니다. 이 부지에 가산 어반워크가 들어서는데 분양평수 1평당 토지비는 414만 원 정도(3,313만 원/8)입니다.

만일 지하 3층까지밖에 못 판다면 지하에 지을 수 있는 땅은 2.4평으로(1평×80%×3), 지상 4.8평과 합치면 7.2평입니다 분양평수 1평당 땅값이 1/7.2평 들어갑니다. 같은 논리로 만일 지하 5층까지 판다면 지하에 지을 수 있는 땅은 4.0평으로(1평×80%×5), 지상 4.8평과 합치면 8.8평입니다. 분양평수 1평당 땅값이 1/8.8평 들어갑니다.

그림 6 ▶ 최근 11년간 서울에 건축된 지식산업센터 최저층별 개수 및 구성비[1]

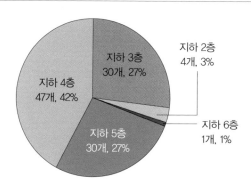

지하는 용적률의 제한을 받지 않으므로, 지하로 깊이 팔수록 시행사에서 분양할 수 있는 공간은 늘어납니다. 그러나 공사비가 기하급수적으로 커지고 건축 시 준수해야 하는 부분이 훨씬 많아집니다. 그래서 일반적으로 분양받는 사람들의 눈높이인 전용률 50%를 맞추는 수준까지만 지하를 건축합니다. 최근 11년간 서울에서 구축된 지식산업센터 112개를 보면, 지하 3~5층 사이가 전체의 96%를 차지합니다([그림 6] 참조).

📍 공사비

공사비에는 건설비, 설계비 및 감리비 등이 반영되며, 최근 인건비가 크게 상승해 공사비도 많이 늘어났습니다. 1군 브랜드와 중소기업의 차이는 평당 약 100만 원이며 분양평수당 350만~450만 원 정도 필요합니다. 공사비는 분양가 중 가장 많은 비용을 차지합니다.

📍 부대비

지식산업센터를 건설할 때 시행사는 금융사에서 많은 돈을 빌리며, 이에 대한 이자비용이 상당히 많습니다. 또한 거의 모든 지식산업센터가 분양할 때 중도금 무이자 대출을 시행하는데, 분양을 받는 사람에게는 무이자지만 실질적으로 그 대출이자는 시행사가 냅니다. 이 밖에 분양을 위한 홍보비와 분양 사원 수수료, 홍보관 임대 및 운영비 등이 들어갑니다. 평당 약 200만 원 정도 잡습니다. 요즘은 광고도 많이 하고 분양 홍보관을 멋지고 고급스럽게 꾸미기 때문에 이 부대비도 늘어나는 추세입니다.

📍 시행사 사업 수익

마지막으로 시행사의 사업 수익이 있습니다. 10% 이하이면 사업성이 낮기 때문에 금융사에서 자금 조달도 어려우며, 시행사에서 사업을 할 이유가 없습니다. 그래서 사업 수익은 약 15% 정도가 마지노선입니다.

위의 네 가지 요소별로 금액을 산정하고, 여기에 주위 매매가와 투자 심리 등을 살펴 분양가를 최종 확정합니다. 과거 아파트형공장 시절에는 분양 시작 훨씬 전부터 분양가를 공개했습니다. 최근에는 시장의 상황을 마지막 순간까지도 반영하며, 분양이 시작하기 직전에 발표하는 추세입니다. 실제로 2020년 서울에서 분양된 모 지식산업센터의 경우 평당 1,400만 원대부터 검토했는데 최종적으로는 평당 2천만 원대에 분양가가 결정된 사례도 있습니다.

최근 성수동은 토지 1평당 매매 호가가 8천만~1억 원입니다. 여기에 지식산업센터를 지으면 분양가격은 얼마나 될까요? 분양평수 1평당 토지비는 1천만 원(8천만 원/8=1천만 원), 공사비 450만 원, 부대비 200만 원, 사업 수익 20%를 잡으면 평당 약 2천만 원입니다. 현재 분양 시장이 뜨거우므로 앞으로 성수동에서 분양되는 지식산업센터의 분양가는 평당 2천만 원을 훌쩍 넘길 것입니다.

전용률, 전용면적, 공용면적은 무엇일까?

지식산업센터 호실의 크기는 분양(공급)면적과 전용면적 두 가지로 이야기합니다([그림 7] 참조). 전용면적은 말 그대로 독점적으로 사용하는 공간입니다. 공용 공간에는 복도, 화장실, 계단, 엘리베이터, 로비, 주차장, 주차장 램프, 하역장, 관리실, 방제실, 옥외 휴게공간, 쓰레기처리장, 공용 회의실 등 전용 공간 이외의 모든 공간이 여기에 속합니다. 최근 분양가가 올라가면서 공용 공간이 더 커지고 고급화되는 추세입니다. 전용면적과 공용면적을 합쳐 분양면적이 되며 임대료나 관리비 등은 모두 분양면적 기준입니다.

공급면적에서 전용면적이 차지하는 비율을 전용률이라 하는

그림 7 ▶ 전용 공간과 공용 공간

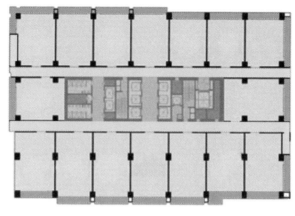

■ 전용 공간　■ 공용 공간　■ 서비스면적

그림 8 ▶ 서울 지역 지식산업센터 전용률(연면적 1천 평 이상)

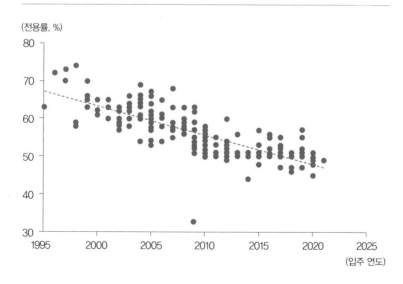

데, 이 비율이 낮아지면 그만큼 공용 공간이 커져서 더 쾌적합니다. 2010년 이전의 지식산업센터(아파트형공장 시절)의 전용률은 60%대 였으며 70%대도 일부 있었습니다. 요즘은 50%의 전용률이 일반적 이며 40%대도 나타나고 있습니다.

지식산업센터 도면 보는 방법

분양을 받을 때는 실물이 없기 때문에 3D 모형과 도면을 보면서 실제 호실이 어떤 모습일지 유추해봐야 합니다. 도면을 보는 기본적인 방법을 알려드리겠습니다.

기본형

[그림 9]는 가장 일반적인 형태의 지식산업센터 도면입니다. 어떤 정보가 있는지 보겠습니다.

그림 9 ▶ 일반적인 지식산업센터 도면

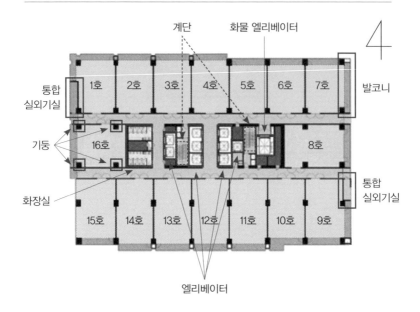

- 총 16호실이 있습니다. 9호부터 15호까지 남향이고, 1호부터 7호가 북향입니다. 8호는 동향, 16호는 서향입니다.

- 1호부터 7호까지는 4개의 기둥이 각 코너에 있습니다. 그 이외 호실은 코너 기둥 외에 두 개의 기둥이 있습니다.

- 각 호실의 내부에서 파란색 부분은 전용면적입니다. 각 호실의 외부에서 회색 처리된 부분은 발코니 공간으로 서비스면적입니다.

- 이 층에는 1호, 7호, 9호, 15호 등 총 4개의 코너 호실이 있습니다. 15호는 발코니가 한쪽밖에 없습니다. 일반적으로 서비스 공간이 많기 때문에 1호, 7호, 9호와 같이 2개 이상의 발코니가 있는 곳을 선호합니다.

- 1호와 9호의 발코니 쪽으로 통합 실외기실이 있습니다. 냉난방기 공조기를 각 호실 외부에 두도록 설계하는 경우도 있고, 이렇게 통합 실외기실에 두고 각 호실까지 배관을 깔아두기도 합니다. 통합 실외기실에 공조기를 놓는다면 배관을 통해 냉난방이 되므로, 여기서 멀수록 에너지 효율이 떨어집니다. 실외기실이 각 호실별로 있다면 그 공간은 전용면적에 포함됩니다.

- 엘리베이터는 총 9대가 있으며 화물 엘리베이터는 1대입니다.

- 계단은 2개입니다.

- 화장실은 16호 쪽으로 치우쳐 있습니다.

- 화물 엘리베이터에서 물건을 많이 옮겨야 하는 경우 5호와 6호를 선호합니다. 8호도 가깝지만 출입문이 반대편에 나 있습니다. 복도 중간을 돌아가야 8호실로 갈 수 있으므로 운반 거리가 상대적으로 깁니다.

📍 중정을 설치한 지식산업센터

중정은 원래 건물 내부에 위치한 넓은 뜰을 말합니다. 지식산업센터의 중정은 각 층의 일부 공간을 비워, 1층부터 천장까지 건물 내부가 뻥 뚫린 형태입니다. 중정이 있는 곳은 빈 칸으로 표시합니다([그림 10] 참조). 중정의 앞과 뒤에 위치한 3호, 4호, 9호, 10호는 개방감이 좋아 선호하는 호실입니다. 중정이 설치된 공간은 바닥면이 없기 때문에 연면적에 포함되지 않습니다. 따라서 용적률의 변화 없이 건

그림 10 ▸ 중정이 있는 지식산업센터 도면

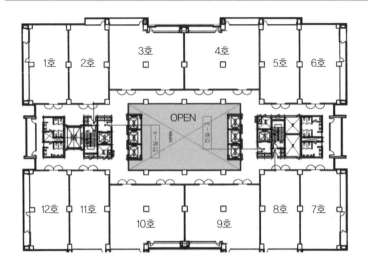

물의 외형을 크게 해 존재감을 부각할 수 있습니다. 중정이 있으면 쾌적합니다. 다만 뚫린 공간이 공용 공간이고 냉난방 효율이 떨어지기 때문에 여름은 덥고 겨울은 추운 단점이 있습니다.

🗺 드라이 에어리어가 있는 지하층

층은 지하인데 마치 작은 발코니가 있는 것처럼 보이거나, DA라고 도면에 표기된 경우가 있습니다([그림 11] 참조). 모두 드라이 에어리어(Dry Area)를 나타내는 표시입니다. 드라이 에어리어는 지하층 외

그림 11 ▶ 드라이 에어리어가 있는 지하층 도면

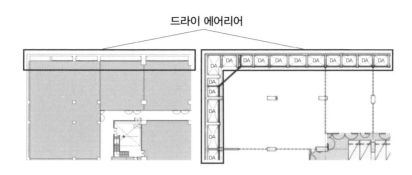

드라이 에어리어

벽 바깥쪽으로 채광과 환기를 위해 지하층 외벽 밖 천장을 뚫어놓은 공간을 말합니다. 환기도 되고 햇빛이 들어오기 때문에 밝고 쾌적합니다. 따라서 지하층이지만 근무 환경이 좋습니다.

지하층의 벽체는 보통 흙과 닿아 있어 방수 처리를 하더라도 습기에 취약한데, 드라이 에어리어는 흙과 닿는 벽 부분과 지식산업센터 내 공간 사이로 공기 층을 만들어주어 그 두 공간을 분리해줍니다. 따라서 방습·통풍·채광 등의 효과를 가져다준다는 장점이 있습니다.

📍 썬큰이 있는 지하층

썬큰(Sunken)은 영어로 '움푹 들어간' '주변 지역보다 낮은'이란 뜻

그림 12 ▶ 썬큰 빌딩 예시[2]

썬큰
수혜지

으로, 지하를 파내고 햇볕을 직접 받을 수 있도록 조성한 것입니다 ([그림 12] 참조). 지식산업센터에도 이런 디자인을 적용한 건물이 있습니다.

[그림 13]에서 지상 1층과 지하층은 대부분 상가로 구성되어 있습니다. 1층을 보면 앞쪽에 공터가 있고 들어가는 입구 양쪽으로 썬큰이 구성되어 있습니다. 이런 구조로 인해 지하이면서도 채광과 환기가 잘 되는 호실이 있습니다. 썬큰 지하층은 가격이 저렴하면서도 '지상 같은 지하'라서 선호도가 높습니다. 임대료도 타 지하층 호실보다 높게 형성됩니다.

그림 13 ▶ 썬큰이 적용된 지식산업센터 지상 1층과 지하 1층

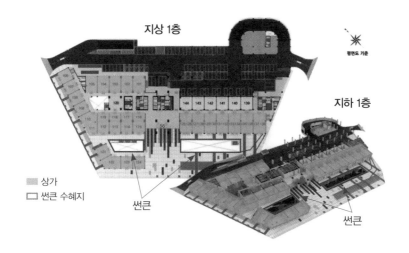

지상 1층

지하 1층

평면도 기준

■ 상가
□ 썬큰 수혜지

썬큰

썬큰

📍 램프

주차장으로 진입하는 램프는 직선과 곡선 형태가 있습니다. [그림 14]는 직선형 램프 도면입니다. 차가 주차장을 진입한 후, 직선으로 쭉 올라가서 원하는 층에서 빠지는 구조입니다. 회전하는 부분이 적어 물류가 많은 곳은 직선형 램프가 편리합니다.

대부분의 지식산업센터에는 [그림 15]와 같은 회전형 램프가 설치되어 있습니다. [그림 14]와 [그림 15]의 층 면적은 크게 차이 나지 않습니다. [그림 15]의 경우 회전형 램프를 넣어 지식산업센터 호실이 차지하는 면적을 극대화했습니다. 이렇게 회전형 램프를 넣

그림 14 ▶ 직선형 램프 도면

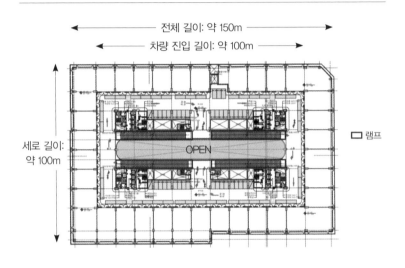

그림 15 ▶ 회전형 램프

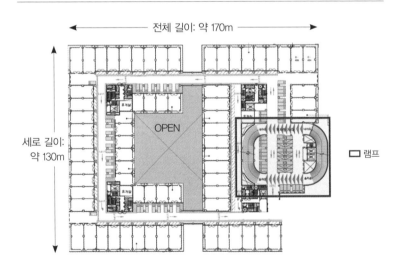

그림 16 ▶ 회전형 램프 2: 소형 건물

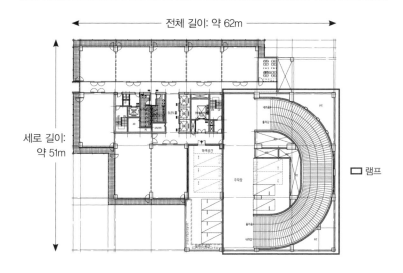

으면 큰 차들은 드나들기 어렵습니다.

소형 지식산업센터는 램프를 설치할 수 있는 공간이 작습니다. 따라서 반 회전을 하고 건물 안쪽을 지나서 다시 램프를 타는 구조가 됩니다([그림 16] 참조). 분양 광고에서는 이런 회전형 램프를 드라이브 인(drive-in, 자동차 이용자를 위해 마련된 시설로, 자동차를 탄 채 용무를 보거나 자동차를 주차하고 용무를 보는 형식)이라고 표현할 수도 있겠지만, 실질적으로 승용차밖에는 들어갈 수 없어 완전한 드라이브 인의 역할은 하지 못합니다.

그림 17 ▶ 도면 예시

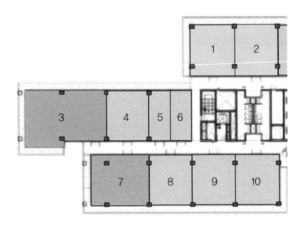

📍 호실 쪼개기 가능성 살펴보기

하나의 호실을 매입 후 중간에 가벽을 두고 2개 호실로 만들어 하나
는 본인이 쓰고 하나는 임대를 고려할 수 있습니다. 이때 [그림 17]
처럼 호실이 있다면 어떤 것을 고르는 것이 좋을까요? 일단 코너 호
실을 선호한다고 가정했을 때는 1, 3, 7이 대상입니다.

- 1번 호실을 쪼개면 세로로 길쭉한 5번 및 6번 호실 같은 모습이 되며, 그러
  면 코너의 매력을 살려 높은 가격을 받기에는 호실이 작아 한계가 있습니
  다. 1번 호실을 사고자 한다면 옆의 2번 호실도 같이 사서 하나를 임대 놓는
  것이 좋은 방법입니다. 규모가 있어 매매가는 더 들겠지만 추가 공사비가

없고 향후 두 호실을 하나로 틀 수 있습니다.

- 3번 호실을 산다면 출입구를 더 뚫을 공간이 없습니다. 기존에 나와 있는 출입구를 이용하고 그 안에 복도를 설치해 각각의 사무실로 들어가는 구조여야 할 것입니다. 들어가는 부분이 좁고 답답할 수 있습니다.

- 7번 호실을 산다면 문을 하나 더 낼 수 있는지 알아봐야 합니다. 대부분 복도 쪽 벽은 내력벽이 아닙니다. 7호실은 문을 내더라도 기둥 때문에 들어갈 때 좁을 것으로 보입니다. 또한 코너 쪽으로 공간을 많이 주고 분할하기에는 기둥이 걸리고, 그 반대로 하기에는 코너의 장점이 죽습니다.

하나의 호실을 2개로 나눈다면 전기나 냉난방 비용을 어떻게 나눌 것인지 임차인 간에 협의가 필요합니다. 비용은 소요되지만 미리 전기 공사를 하고 분할 등기를 하는 방법도 있습니다. 이런 점들을 잘 고려해 향후 확장 가능성과 공사비 및 분양가와 임대료를 결정하면 되겠습니다.

시행사, 시공사, 신탁사, 분양대행사

건설사가 땅을 사서 짓고 분양하는 아파트와는 달리, 지식산업센터 시공과 분양에 관련된 주체는 여럿이 있습니다. 시행사, 시공사, 신탁사, 분양대행사가 각각 어떤 역할을 맡는지 하나씩 알아보도록 하겠습니다.

시행사

토지를 매입하고, 금융기관에서 PF(Project Financing)를 받아 재원을 조달하며, 시공사를 선정하는 등 사업 전체를 주관합니다.

시공사

시공사는 건물을 짓는 건설사를 말하며 건물이 다 지어질 때까지 책임을 지는 책임 준공의 의무가 있습니다. 이 책임 준공으로 인해 작은 건설사들은 시공에 참여하기 어렵습니다. 전체 사업비용을 건설사가 보증해야 하므로 지식산업센터는 거의 대부분 1군 건설사들만 들어옵니다.

신탁사

사업 전체의 자금 운용을 관리합니다. 이는 수분양자의 돈을 보호하고 자금 용도를 투명하게 집행하기 위함입니다. 최근에는 시공사들의 책임 준공 리스크로 인해 신탁사에서 책임 준공을 보증하는 경우도 많습니다. 갈수록 개발사업에서 신탁사의 비중이 커지고 있습니다.

분양대행사

사업에 있어 판매와 홍보를 전담합니다. 모든 분양자들은 사업주체가 선정한 분양대행사를 통해 분양을 진행합니다. 분양대행사는 분양까지 다루며, 그 이후 임대는 지식산업센터가 있는 지역의 공인중개사무소에서 진행하는 것이 일반적입니다.

좋은 물건도 안 팔리는 시기가
투자의 적기다

분양을 오래 하다 보니 입지가 남다르거나 설계가 특출나서 '여기는 정말 되겠다.'라는 느낌이 드는 곳들이 있습니다. 당산 SKV1이 그중 한 곳입니다. 여기는 SK건설에서 V1이라는 브랜드명을 최초로 사용한 지식산업센터입니다.

당산 SKV1은 2012년 분양을 시작했는데 그 시점이 좋지 않았습니다. 2008년 리먼 사태의 여파가 2013년까지 미치면서, 한동안 지식산업센터의 신규 분양이 없었습니다. 당산 SKV1은 그 공백을 처음으로 끊은 곳입니다. 하지만 사람들의 부정적인 인식을 바꿔 투자로 끌어들이기에는 많이 부족했습니다.

이곳을 주목한 데는 여러 이유가 있습니다.

- 당산 SKV1이 나온 시점은 제조업 위주인 아파트형공장에서 지식산업센터로 넘어가는 때였습니다. 아파트형공장은 전용면적이 40평대 또는 그 이상이었는데 당산 SKV1은 산업 변화에 맞게 호실 사이즈를 줄여 전용면적 20평대를 최초로 적용했습니다.

- 트리플 역세권으로 교통 환경이 탁월합니다. 500m 떨어진 당산역에 2호선과 9호선이 지나가며, 5호선인 영등포구청역과도 800m 정도 떨어져 있습니다. 또한 올림픽대로의 접근이 용이합니다.

- 배후 수요도 영등포 구시가지, 구로·가산, 여의도 및 마포 등을 커버해 충분합니다.

- 가격 경쟁력이 있습니다. 원래 대우자동차 부지였는데 회사가 어려워지면서

이 토지를 SK에 매우 싸게 팔았습니다. 그래서 분양가가 600만 원 후반~ 700만 원 초반이었는데 이것은 바로 옆 금강펜테리움(2010년 준공)의 매매가 격과 같은 수준이었습니다.

- 호실 디자인이 탁월합니다. 저층부에 거의 정사각형 호실이 등장했습니다. 요즘은 이런 형태가 흔하지만 당시에는 당산 SKV1이 최초로 가로×세로가 8.4×10.7m인 전용 20평대 호실을 내놓았습니다. 이것을 분할해 2개 호실로 만든다면 소형 사무실을 찾는 사람들에게 임대가 잘 될 것으로 생각했습니다. 왜냐하면 당시 전용 10평대 지식산업센터는 전무했기 때문입니다.

이 당시 당산 SKV1을 많은 분에게 소개해드렸지만, 사람들이 지식산업센터를 잘 모르고 미분양에 대한 염려를 많이 했던 시기라 서 투자를 주저하는 분들이 대부분이었습니다. 구로디지털단지 내 지식산업센터에서 사업을 하던 A대표님은 투자 물건을 찾고 있었 습니다. 저는 그때 당산 SKV1을 권해드렸고, 그분은 이미 실사용을 해봐서 지식산업센터의 투자가치를 알고 있는 데다, 거래처가 여의 도와 마포 등에 있어 당산의 입지적인 가치를 인정해 2013년에 계 약을 진행했습니다. 대출은 80%가 나왔고 금리는 4.8%, 평당 임대 료는 4만 8천 원이었습니다. 이것을 계산하면 인테리어까지 했을 때 자기자본 대비 임대 수익률은 약 15%였습니다.

이 호실의 과거와 현재는 다음과 같습니다.

분양 시(2013년)	현재(2020년 말)
• 분양가: 710만 원/평 • 임대가: 4만 8천 원/평 • 분양 시 평당 자기자본: 　약 200만 원(인테리어, 세금 포함)	• 매매가: 1,600만 원/평 이상 • 임대가: 4만 5천 원/평

투자 성과

초기 투입된 자기자본 대비 500% 이상 수익
• 시세 차익: 평당 900만 원 이상
• 임대 수익: 공실 없음. 대출이자 제외 평당 2만 5천~3만 원 순이익

박 대표의 Tip

현재 시점에 이런 지식산업센터가 나온다면 어떨까요? 단번에 분양이 완료되고 인기가 좋겠지요. 그러나 투자 물건으로서의 매력은 2013년이 지금과 비교도 안 될 만큼 높을 것입니다. 모두가 좋아하고 투자하는 시기가 아닌, 남들이 보지 않는 시점이 투자의 적기가 될 수 있습니다.

최근 몇 년간 지식산업센터는 우상향의 패턴을 보였으며, 대부분 성공적인 투자가 가능했습니다. 하지만 분양가와 매매가가 급격히 올라가고 공급이 폭발적으로 늘어나는 요즘, 근시안적으로 접근한다면 나중에 낭패를 볼 수 있습니다. 이 장에서는 좋은 지식산업센터를 고르는 법과 투자 성과를 극대화하기 위한 대출 및 인테리어 활용 전략, 그리고 2021년 투자 방향에 대해 살펴보겠습니다.

| 3장 |

무조건 오르는
지식산업센터 투자법

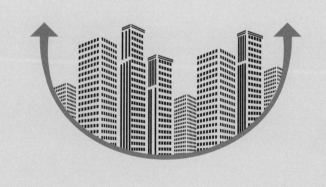

어느 지역을
선택할까?

지역을 볼 때는 주변에 기업체가 많은지, 교통이 편한지, 인력 수급이 될 수 있는 배후 지역이 있는지가 가장 중요합니다.

📍 기업체가 많은 곳

태생적으로 지식산업센터와 기업체는 떼려야 뗄 수 없는 관계입니다. 지식산업센터는 기업만 입주가 가능하기 때문에 기업이 많은 곳일수록 더 많은 수요가 있습니다.

전국 행정구역별 사업체 분포

먼저 행정구역별로 전체 사업체 수와, 지식산업센터에 입주 가능한 제조업 및 정보통신업 사업체 수를 살펴보겠습니다([그림 1] 참조). 참고로 2020년 말 기준 통계청 통계지리정보서비스의 사업체 수 데이터는 2018년 것이 가장 최신 정보이며, 이것을 바탕으로 분석했습니다.

그림 1 ▶ 행정구역별 사업체 수(상위 10개)[1]

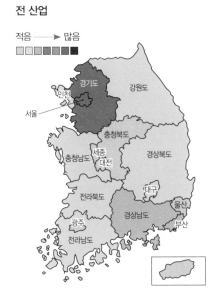

순위	항목	사업체 수 (만 개)
1	경기도	82.9
2	서울특별시	73.7
3	부산광역시	26.9
4	경상남도	26.3
5	경상북도	21.6
6	대구광역시	19.2
7	인천광역시	18.0
8	충청남도	16.0
9	전라남도	14.8
10	전라북도	14.0

제조업

적음 ──▶ 많음

순위	항목	사업체 수 (만 개)
1	경기도	13.3
2	서울특별시	5.9
3	경상남도	3.7
4	부산광역시	3.1
5	경상북도	2.9
6	대구광역시	2.7
7	인천광역시	2.5
8	충청남도	1.8
9	전라남도	1.4
10	충청북도	1.4

정보통신업

적음 ──▶ 많음

순위	항목	사업체 수 (만 개)
1	서울특별시	2.34
2	경기도	0.71
3	부산광역시	0.19
4	대구광역시	0.13
5	대전광역시	0.12
6	경상북도	0.12
7	경상남도	0.12
8	인천광역시	0.10
9	전라남도	0.09
10	광주광역시	0.09

- **전 산업:** 2018년 기준 전국 사업체 수는 약 376만 개이며, 경기도에 전체의 22%, 서울에 20%가 있습니다.
- **제조업:** 2018년 기준 제조업체는 약 44만 개가 있으며, 전체 사업체의 11.6%를 차지합니다. 이 중 30%가 경기도에, 14%가 서울에 있습니다. 이러한 제조업체 분포 특성은 지식산업센터 설계에 반영됩니다. 경기도는 제조업을 위한 드라이브 인 지식산업센터가 강세이고, 서울은 일반 사무실 용도의 지식산업센터가 주를 이룹니다.
- **정보통신업:** 2018년 기준 정보통신업체는 약 4만 4천 개가 있으며, 전체 사업체의 1.2%를 차지합니다. 이 중 53%가 서울에, 16%가 경기도에 있습니다.

서울 구별 사업체 분포

2018년 기준 서울에는 약 73만 7천 개의 사업체가 있으며 구별 평균은 2만 9천 개입니다. 강남구와 중구에 압도적으로 많으며, 강남3구(강남, 서초, 송파)와 중구에 서울 전체 사업체의 30%가 있습니다([그림 2] 참조). 지식산업센터에 입주할 수 있는 제조업과 정보통신업 사업체 수를 보겠습니다.

- 서울의 5.9만 제조업체 중 약 16%인 9천 개가 중구에 있어 중구는 제조업 분포로는 압도적인 1위입니다. 10위까지의 지자체를 보면 과거부터 제조업체가 있었던 구도심과 공업지역이 대부분입니다.
- 정보통신업 사업체는 서울에 2만 3천 개가 있으며, 그중 약 19%가 강남구

그림 2 ▶ 서울 구별 사업체 수(상위 10개)[2]

전 산업

적음 ——→ 많음

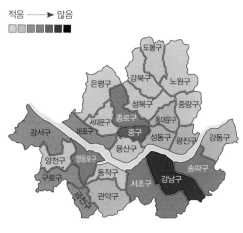

순위	항목	사업체 수
1	강남구	69,039
2	중구	60,357
3	서초구	45,552
4	송파구	42,226
5	종로구	39,106
6	영등포구	39,073
7	마포구	35,004
8	구로구	33,983
9	강서구	32,265
10	금천구	30,099

제조업

적음 ——→ 많음

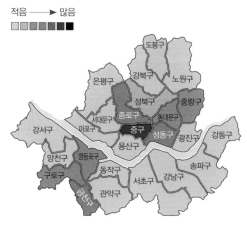

순위	항목	사업체 수
1	중구	9,370
2	금천구	5,399
3	성동구	4,445
4	종로구	4,436
5	영등포구	3,957
6	구로구	3,677
7	중랑구	3,384
8	동대문구	3,297
9	성북구	2,214
10	광진구	1,706

정보통신업

적음 ──➤ 많음

순위	항목	사업체 수
1	강남구	4,483
2	금천구	2,625
3	마포구	2,489
4	서초구	2,179
5	구로구	2,108
6	영등포구	1,750
7	중구	914
8	송파구	885
9	성동구	859
10	종로구	858

에 있습니다. 1위부터 6위까지를 합치면 서울의 정보통신업 사업체 중 2/3가 몰려 있습니다. 특이한 점은 금천구가 제조업과 정보통신업 사업체 수로 2위라는 점입니다. 이는 금천구에 지식산업센터가 지속적으로 공급되면서 나타난 현상으로 보입니다.

경기도 시별 사업체 분포

경기도의 총 사업체 수는 82만 9천 개로, 서울 73만 7천 개에 비해 약 11% 더 많습니다. 가장 사업체가 많은 곳은 수원시로 6만 6천 개이며, 2위부터 5위까지가 고양시, 성남시, 화성시, 부천시로 모두 5만 개가 넘습니다. 지식산업센터에 입주할 수 있는 제조업은 경기도의 사업체 수가 13만 3천 개로 5만 9천 개인 서울에 비해 2배 이상 많습니다. 이에 반해 정보통신업은 경기도의 사업체 수가 7천 개로 서울의 2만 3천 개에 비해 약 30% 수준입니다.

- 제조업 사업체 수는 화성시가 압도적인 1위입니다. 화성시 사업체 중에서 약 1/3이 제조업입니다. 시흥시와 부천시의 제조업 사업체 수가 각 1만 개를 넘어 2위와 3위를 기록했습니다. 안산시와 김포시는 각 9천여 개의 제조업 사업체가 있으며 6위인 광주시와 큰 차이를 보입니다.

그림 3 ▶ 경기도 시별 사업체 수(상위 10개)[3]

전 산업

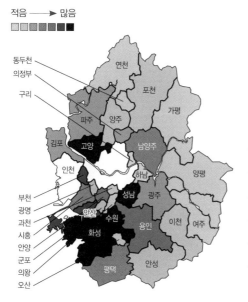

순위	항목	사업체 수
1	수원시	66,309
2	고양시	62,839
3	성남시	60,190
4	화성시	58,040
5	부천시	55,116
6	안산시	48,427
7	용인시	47,894
8	안양시	41,218
9	시흥시	38,124
10	남양주시	34,347

제조업

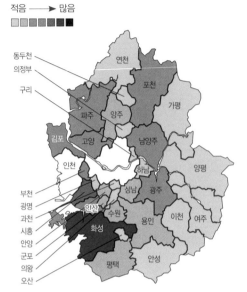

적음 ➞ 많음

순위	항목	사업체 수
1	화성시	19,066
2	시흥시	12,196
3	부천시	10,501
4	안산시	9,420
5	김포시	9,291
6	광주시	6,587
7	포천시	5,981
8	고양시	5,858
9	파주시	5,810
10	남양주시	5,702

정보통신업

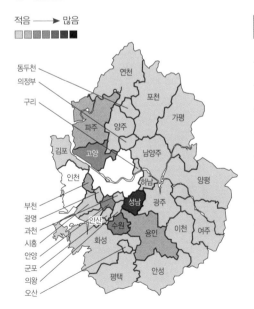

적음 ➞ 많음

순위	항목	사업체 수
1	성남시	1,639
2	고양시	932
3	안양시	801
4	수원시	619
5	부천시	438
6	용인시	423
7	파주시	404
8	안산시	230
9	화성시	189
10	군포시	139

딱 한 번 읽고 바로 써먹는 지식산업센터 투자

- 정보통신업 사업체는 경기도에서 성남시에 가장 많이 있습니다. 판교 테크노밸리의 영향이 큰 것으로 보입니다. 고양시와 안양시는 각각 2위와 3위를 차지했습니다. 상위 4곳을 제외하고는 정보통신업 사업체가 500개 미만입니다. 이런 지역에 사무실형 지식산업센터를 매입한다면 주변에 충분한 수요가 있는지 특히 더 신경 써야 합니다.

교통 인프라와 인력 수급이 좋은 곳

교통은 인력 수급, 빠른 물동량 처리, 협력업체 및 고객사와의 업무 진행 등의 이유로 매우 중요합니다. 특히 강남, 여의도, 종로 등 업무 중심지와 가까운 곳, 지하철이나 광역 교통망이 잘 되어 있는 곳, 주요 도로와 철도의 접근성이 좋은 곳 등을 선호합니다. 이와 더불어 지식산업센터에는 대부분 중소 업체들이 입주해 있기 때문에 저렴한 인력을 원활하게 대량으로 수급할 수 있는 위치에 있어야 합니다. 전문성을 갖춘 인력을 편하게 구할 수 있다는 것은 기업 입장에서 상당히 큰 장점입니다.

[그림 4]는 서울시의 25세 이상 45세 미만 인구 수입니다. 지식산업센터 밀집 지역은 대부분 인구 수가 많은 지역 안에 있거나 그 주변에 있습니다. 구로동과 가산동에 위치한 서울디지털산업단지에는 1호선과 7호선이 지납니다. 부천시, 광명시 및 금천구, 구로구, 영

등포구와 관악구의 풍부한 인력들이 일하러 오기 좋습니다. 성수동 지식산업센터는 2호선이 있어 서울 내 거의 전 지역에서 접근성이 좋으며, 특히 강남과 광진구에서 오기가 편합니다. 또한 최근 뜨고 있는 곳이기 때문에 거리와 상관없이 선호하는 입지입니다. 문정지구는 강남, 송파 및 8호선을 타고 성남 인력들이 일하러 오기 좋습니다. 영등포는 2호선, 5호선, 9호선이 지나서 인력 수급이 용이합니다.

그림 4 ▶ 서울시 25세 이상 45세 미만 인구 수(2019년, 상위 10개)[4]

	항목	인구 수
1	송파구	207,063
2	강서구	190,354
3	관악구	183,092
4	강남구	156,322
5	노원구	135,538
6	은평구	133,246
7	동작구	125,432
8	강동구	123,768
9	마포구	123,367
10	성북구	123,014

딱 한 번 읽고 바로 써먹는 지식산업센터 투자

🗺️ 개발 호재가 있는 곳

주변에 개발 호재가 있다면 기대감으로 인해 부동산 가격이 올라갑니다. 특히 교통 호재나 일자리를 만들어내는 기업의 이전, 증축 등은 큰 영향을 미칩니다. 앞에서 보았듯이 서울, 그중에서도 강남과의 거리가 중요하기 때문에 강남을 통과하는 지하철역 신설은 최고의 개발 호재입니다.

개발 호재가 있는 지역은 토지 가격이 올라가고, 그에 따라 지식산업센터의 분양가도 올라갑니다. 한 곳의 분양가가 올라가면 지식산업센터 간에도 갭 맞추기를 하는 경향이 있습니다. 따라서 주변에 더 이상 지식산업센터 개발이 안 된다거나, 특정 지역에 나 홀로 지식산업센터가 있는 경우는 대부분 시세 상승에 한계가 있습니다.

구로동과 가산동에 걸쳐 있는 서울디지털산업단지가 좋은 예입니다. 초기에는 지식산업센터가 구로동에 많이 들어왔고 가산동은 상대적으로 낙후되어 있었습니다. 구로동에 있는 기업들에 가산동에다 분양을 받으라고 권유하면 "그렇게 발전하지 않은 시골로 왜 가라고 하느냐."라고 할 정도로 두 지역은 격차가 났었습니다. 당시 구로동의 분양가는 가산동 대비 1.5~2배 정도였습니다.

이제 구로동은 더 이상 지식산업센터를 지을 만한 토지가 거의 없습니다. 신규로 개발되는 물량이 없다 보니 가격 상승 모멘텀이 적습니다. 이에 반해 가산동은 개발이 안 된 토지가 많았기 때문에 지속적으로 신축 지식산업센터가 들어왔고, 그때마다 신규 분양 가격은 올라갔습니다. 2021년 초 기준 가산디지털산업단지의 분양가는 구로디지털산업단지의 분양가를 따라잡기 시작했습니다. 향후에는 면적이 큰 가산디지털산업단지가 더 우위를 점할 것으로 예상됩니다. 이렇게 봤을 때 개발 호재가 있는 곳, 그리고 그 호재로 분양가를 올려 새로 지식산업센터가 들어올 수 있는 개발의 여지가 남아 있는 곳이 투자 측면에서 좋습니다.

📍 공급 물량이 적은 곳

공급 물량이 많으면 매매가와 임대가 모두 주춤하거나 떨어집니다. 특히 지식산업센터는 기업체만 사용할 수 있고, 기업은 이주가 쉽지 않기에 공급 물량이 많으면 임대 시 많이 고전합니다. 간혹 1년 이상 공실인 곳도 있습니다. 이와 반대로 해당 지역에 반드시 거점을 두어야 하는 기업체들이 있기 때문에 공급 물량이 적으면 매매가와 임대가가 상승합니다.

지자체 입장에서는 지식산업센터가 들어오는 것을 환영합니다. 기업체를 유치해 세수를 확보할 수 있으며, 일자리를 만들어 지역 경제에도 도움이 되기 때문입니다. LH(한국토지주택공사) 입장에서도 택지를 분양할 때 지식산업센터가 들어갈 용지는 높은 가격에 매각

되기 때문에 선호합니다. 이런 택지개발지구의 지식산업센터는 거의 같은 시기에 건설하고 입주합니다. 따라서 많은 호실이 임대용으로 동시다발적으로 나오기 때문에 임차할 기업을 찾는 데 어려움을 겪을 확률이 높습니다.

현재로서는 투자자의 유입으로 분양이 매우 잘되고 있기 때문에 지식산업센터 공급은 단기간에 줄지 않을 것입니다. 아직까지 지식산업센터를 모르는 투자자가 많지만, 그럼에도 그 저변이 지속적으로 확대되면서 새로운 수요가 창출되고 있습니다. 이렇게 시장이 좋을 때는 더 많은 업체가 사업 시행을 서둘러서 하므로, 앞으로도 지식산업센터는 훨씬 더 많이 지어질 것입니다.

지속적으로 공급이 많을 때 시장은 스스로 자정 능력을 갖습니다. 일반 투자자는 실제 공실을 겪고, 눈으로 임대가 안 된 공실을 확인한 후에야 비로소 상황을 깨닫고 투자를 멈춥니다. 그렇게 분양 시장이 얼어붙습니다. 시장에서 공급 과잉으로 분양이 안되는 시기가 와서 시행하는 사람들이 행보를 멈추어야만 공급이 줄어들 것입니다.

어떤 지식산업센터를
선택할까?

어느 정도 지역을 선정했으면, 그 안에 있는 지식산업센터를 놓고 후보를 골라야 합니다. 선택 시 고려할 일곱 가지 요소를 뽑았습니다. 이 중 3순위 정도까지만 고려해도 크게 실수하지 않을 것입니다.

🗺 수요 규모

관심 있는 지식산업센터에 기업의 입주 수요가 충분해야 합니다. 이 수요는 직접적으로 알기 어렵기 때문에 간접적으로 파악합니다.

표 1 ▶ 지식산업센터 선정 시 고려할 핵심 요소

중요도	항목	설명
1	수요 규모	임대 수요 유무, 기업의 해당 지식산업센터 선호도
2	교통 여건	역세권, 비역세권 여부
	건물 규모	초대형, 대형, 소형
3	시공사	1군 대형, 중소형, 소형
4	상품 경쟁력	외관, 공간 설계, 주차 등
	건물 연차	건물 노후도
	희소성	서울의 드라이브 인 등

매매의 경우

공실이 있는지, 임차가 얼마나 자주 바뀌는지, 매매 및 임차 대기 수요가 있는지 등을 알아봅니다.

- **공실 확인**: 1층 로비에 입주 현황판이 있습니다. 여기에 빈 호실이 있는지 확인합니다. 로비의 현황판이 최신 정보로 갱신되지 않을 수 있으므로, 전 층을 돌면서 공실을 확인합니다. 관리사무실에 문의하면 알려주는 곳도 있습니다.
- **대기 수요 확인**: 해당 지식산업센터 1층에 있는 공인중개사무소에서 확인합니다. 또한 네이버 부동산을 통해서도 가늠해볼 수 있습니다. 인기가 있는 곳들은 매물이 상대적으로 적습니다.

분양의 경우

수분양자 중 투자자가 아닌 실수요 기업이 얼마나 분양받았는지가 기업 수요에 대한 하나의 척도입니다. 이 정보를 분양 사원을 통해 파악해봅니다. 분양이 일찍 완판된 것은 실 입주할 기업이 아닌 투자자가 몰렸다는 증거일 가능성이 높으니 주의해야 합니다.

최근 한 수도권 택지개발지구의 분양 사례를 보면 시사하는 바가 큽니다. 이곳은 인기 있는 지식산업센터로 투자자들이라면 어떻게든 분양받으려고 하는 곳입니다. 결국 누가 분양을 받게 될까요? 지식산업센터 건설사업을 하는 사람의 입장을 생각해보면 답이 나옵니다.

분양을 하는 시행사는 수분양자가 실제로 입주할지, 잔금을 잘 낼지를 고민합니다. 이 현장은 분양 자격을 실사용 기업으로 국한하고, 기업의 매출과 신용도를 확인해서 잔금을 낼 때 문제가 되지 않을지를 검증했습니다. 결국 투자하고 싶은 사람이 많았지만 기업만이 선택을 받았습니다. 이 시행사는 입주 시 공실과 잔금 리스크를 사전 분양 단계에서 제거했습니다. 이런 곳을 만약 투자자가 살 수 있다면 어떨까요? 여기는 실사용 기업도 분양을 받으려 하기 때문에 임대 물량이 적을 확률이 매우 높습니다. 따라서 안정적으로 임대사업을 하고 투자하기에 더없이 좋은 환경입니다. 이런 곳을 잘 보고 선택한다면 투자처로서 손색이 없을 것입니다.

📍 교통 여건

지식산업센터는 작은 호실이면 주차장이 한 칸 배정되고, 중형이더라도 2~3칸 정도만 배정됩니다. 차를 가지고 다니려면 유료 주차를 해야 하기 때문에 대부분의 직원들이 대중교통을 이용합니다. 인력 수급 차원에서 대중교통은 매우 중요하며, 주위의 지하철역과 버스 정류장은 반드시 체크해야 합니다.

- **지하철**: 서울 및 수도권은 버스보다 지하철이 중요합니다. 지하철은 심리적으로 도보 10분이 마지노선이며 도보 5분 이내의 큰 길을 건너지 않는 초역세권을 제일 선호합니다. 2020년 12월 기준 가산동의 연식이 비슷한 두 건물을 비교했을 때 초역세권의 평당 매매호가는 1,200만~1,300만 원대이며, 거기서 한 블록 떨어진 것은 1천만~1,100만 원대입니다. 지역마다 역세권이라고 불리는 거리가 조금씩 다른데 지식산업센터가 밀집한 서울디지털산업단지는 500m 정도까지를 역세권으로 간주합니다.
- **버스**: 정류장은 300m 안에 있는 것을 선호합니다. 어떤 노선이 지나고 몇 대의 버스가 다니는지도 같이 파악해 주위의 인력 밀집 지역에서 오기 편한지를 체크합니다.

📍 건물 규모

일반적으로 땅의 크기를 보면 지식산업센터의 가치를 어느 정도 짐작할 수 있습니다. 토지 1천 평이면 연면적 8천 평 정도, 토지 2천 평이면 연면적 1만 5천 평 정도, 토지 3천 평이면 연면적 2만 평이 조금 넘어가는 지식산업센터를 지을 수 있습니다. 지식산업센터는 이왕이면 큰 것이 좋습니다. 건물이 클수록 커뮤니티 공간 등 편의 시설이 많으며 주차장이 넓고 쾌적합니다. 또한 큰 건물은 랜드마크 효과가 있어 기업들이 관심을 갖습니다.

택지개발지구는 처음부터 구획을 나누기 때문에 큰 평수의 토지를 제공합니다. 그러나 서울의 경우 3천 평 이상 준공업지역 땅이 이제는 거의 없습니다. 또한 연면적 3만 평 이상이면 건설 시 서울시의 허가를 받아야 하므로 사업 기간 및 준공까지 시간이 더 오래 걸립니다. 따라서 대형 지식산업센터는 희소성이 있어 그 가치가 더 큽니다.

📍 브랜드 건설사

대한민국을 대표하는 대형 건설사들의 지식산업센터 시장 진입은 현재 지식산업센터의 인기를 단적으로 보여줍니다. 초기에는 중견

표 2 ▶ 1군 건설사(2020년 시공능력 기준)[5] 및 관련 지식산업센터 브랜드

순위	업체명	평가액(억)	지식산업센터 브랜드
1	삼성물산㈜	208,461	–
2	현대건설㈜	123,953	현대 지식산업센터, 현대 프리미어 캠퍼스 현대 가산퍼블릭 등
3	대림산업㈜	111,639	–
4	GS건설㈜	104,669	자이타워
5	㈜포스코건설	86,061	
6	㈜대우건설	84,132	–
7	현대엔지니어링㈜	76,770	테라타워
8	롯데건설㈜	65,158	–
9	HDC 현대산업개발㈜	61,593	–
10	SK건설㈜	51,806	SKV1

건설사인 우림, 대륭, 이앤씨, 에이스가 지식산업센터를 많이 지었습니다. 그런데 요즘은 대형 건설사들이 지식산업센터 시공에 많이 참여합니다. 특히 과거 아파트에 투자하던 사람들이 지식산업센터 분양 시장으로 들어왔기 때문에 대형 건설사의 참여는 분양의 흥행에 큰 효과가 있습니다.

아파트에 힐스테이트, 자이, 래미안 등의 브랜드가 있듯이, 큰 건설사들은 지식산업센터를 브랜드화하기 시작했습니다([표 2] 참조). SK건설, 현대엔지니어링과 GS건설은 단일 지식산업센터 브랜딩에

성공했습니다. 현대건설은 여러 개의 브랜드 이름을 사용하고 있으며, 여기에 대우건설과 대림산업도 브랜딩을 시도하고 있습니다. 향후에는 브랜드 파워가 지금보다 더 큰 영향을 끼칠 것으로 예상됩니다. 대기업 건설사의 프리미엄이 점점 더 커질 것이므로 입지가 좋은 곳에 대기업 브랜드의 지식산업센터가 들어가 있다면 눈여겨보기 바랍니다.

📍 건물 연식

아파트와 마찬가지로 기업들은 신축에 임대를 들어가고 싶어 합니다. 임대가는 신축과 구축 간 차이가 상대적으로 적어서 신축 선호 성향이 더 강합니다. 하지만 일단 자리 잡으면 어느 정도 규모 있는 기업은 잘 이전하지 않습니다. 어설프게 동시다발적으로 준공되어 한꺼번에 임대를 맞춰야 하는 지식산업센터 호실을 사는 것보다, 입주가 완료되고 간간이 매매가 나오는 것을 선택해 임대하는 것이 더 나을 수도 있습니다. 또한 매매가는 연식에 따라 임대가보다 더 많이 떨어지므로 임대 수익률은 어느 정도 연식이 있는 것이 더 좋을 수 있습니다. [그림 5]를 보면 6~10년 차인 지식산업센터의 임대 수익률이 다른 연식 구간에 있는 것보다 높은 것을 알 수 있습니다.

연식이 조금 있어도 선호하는 것으로는 제조형 지식산업센터가

그림 5 ▶ 서울 지식산업센터 연식별 임대 수익률 추이(2020년 11월 매물 기준)

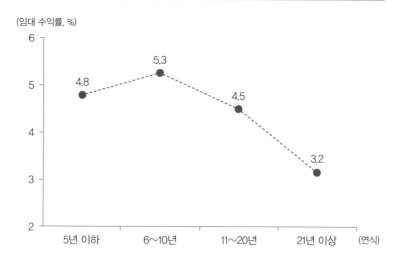

(임대 수익률, %)

있습니다. 예전의 아파트형공장 시절에 지은 것이 요즘 것보다 제조 용으로는 더 좋은 스펙인 것이 많습니다(예: 하중 설계, 전압 등). 따라 서 이런 곳을 사용해야 하는 업종은 신축만을 고집하지는 않습니다.

📍 희소성

특정 면적이나 특정 기능을 제공하는 곳이 한정적이면 희소성이 있 어 투자가치가 있습니다. 예를 들어 서울의 드라이브 인 지식산업센 터는 그 자체만으로 희소성이 있습니다. 가산동에는 에이스하이엔드타워클래식과 가산테라타워 등 2개의 드라이브 인 지식산업센터가 있습니다. 서울이라는 특수성이 있는 데다 독산동에 제조업체가 많아 수요가 탄탄합니다. 독산동이 개발된다면 그곳에 위치해 있던 공장과 사무실들은 이전을 반드시 해야 하는데 그럴 경우 이 2곳이 대안입니다. 바로 옆에 1만 평 부지의 가산퍼블릭이 건설되어 후광 효과도 있으리라고 봅니다.

가산테라타워는 2018년에 분양했으며, 분양가는 평당 800만 원대입니다. 드라이브 인은 제조업 기반인데 만일 지식산업센터의 평당 분양가가 900만 원, 1천만 원대로 높아지면 제조업체가 공장으로 하기는 어렵습니다. 따라서 서울에 더 이상의 드라이브 인 지식산업센터가 들어오기는 어려우며, 희소성이 있어 틈새 상품으로는 괜찮습니다.

최초 분양 물건도 좋습니다. 어느 지역이든 제일 먼저 공급된 지식산업센터는 희소성이 있기 때문에 대부분 분양이 잘되고 임대도 괜찮습니다. 구축 아파트만 있는 곳에 신축 아파트가 들어갔을 때 눈길을 끌듯이 인프라가 잘 갖춰진 지식산업센터는 주위 기업들에 좋은 선택지가 될 수 있기 때문입니다. 이런 예로는 하남의 유원, 삼송의 삼송테크노밸리, 덕은지구의 리버워크, 과천의 디테크타워, 광교 에이스광교타워 등이 있습니다. 최초 분양 물건의 또 다른 매력은 저렴한 분양가입니다. 해당 시장 내에서 비교할 대상이 없기에 최초 분양 건은 분양가를 높게 선정하지는 못합니다. 따라서 향후 다른 지식산업센터가 좀 더 높은 분양가로 들어온다면 갭 메꾸기를 통해 매매가 상승을 기대할 수 있습니다.

◎ 그 외에 확인할 사항

주차

최근 지식산업센터 호실이 소형화되면서 1개 호실을 분양받았는데도 1대의 무료 주차를 받기가 어려운 곳도 생겼습니다. 주차장이 넉넉한지를 평가하는 지표로 연면적을 주차 대수로 나눈 비율을 사용합니다. 예전에는 연면적 35평당 주차 1대가 가능했었는데 최근에는 연면적 40~50평당 1대가 보통 수준입니다. 연면적 40평대 초반당 1대면 쾌적하며, 연면적 50평 이상당 1대가 되면 주차장이 부족해서 붐비고 불편할 수 있습니다. 주차장 동선이 문제가 되어 사고가 많이 나는 곳도 있으니 현장에 갔을 때 주차장 및 주차장으로 들어가는 램프도 같이 체크해야 합니다.

구축과 신축 지식산업센터의 가장 큰 차이 중 하나가 주차장입니다. 구축은 주차 폭이 좁아 큰 차량이 주차할 때 타고 내리기가 상당히 어려운 부분이 있었습니다. 2018년 상반기에 주차 폭이 2.3m에서 2.5m로 변경되었으며, 이에 따라 신축은 일명 '문콕' 없이 편하게 승하차할 수 있는 구조로 설계되었습니다.

엘리베이터

출퇴근 시간 및 점심시간에 사용 인원이 몰리기 때문에 상주 인력 수 대비 동시 수송 인원수가 중요합니다. 동시 수송 인원수는 엘리베이터가 몇 인승인지를 합산해 구합니다. 상주 인력은 몇 명인지 파악하기 어렵습니다. 하지만 상주 인력과 연면적은 비례하는 경향이 있으므로, 연면적을 동시 수송 인원수로 나눈 후 지식산업센터 간 비교합니다. 이와 더불어 붐비는 시간에 실제로 방문해 사람들이 얼마나 오래 대기하는지 확인합니다. 예를 들어 서울의 모 지식산업센터는 30층임에도 불구하고 엘리베이터가 6대밖에 없어 사람이 몰릴 때는 잘 타지 못하는 상태가 되곤 합니다. 이런 지식산업센터는 그 불편함이 피부로 느껴지고 그런 부분들로 인해 임차인이 자주 바뀌는 현상이 나타납니다. 또한 최초 분양을 받은 사람들 상당수가 매각을 했으며, 이런 불편함이 자산 가격에 상당한 영향을 미칩니다.

화장실

일반적으로 한 개 층에 남/여로 나누어 하나씩 들어가고, 면적이 넓은 경우는 두 군데에 배치합니다. 층당 면적이 300~400평일 때가 좀 애매합니다. 하나만 설치해서는 모자라고 2개를 설치하자니 남을 것 같은 사이즈입니다. 실 사용 기업 중에서 직원이 많은 곳은 변기의 개수도 챙겨 봅니다.

화물 엘리베이터

예전 제조업 위주의 아파트형공장 시절에는 2~5톤급의 화물 엘리베이터가 있었습니다. 요즘은 화물 엘리베이터보다는 화물과 사람 수송 겸용으로 설치합니다. 크고 넓은 것이 짐을 옮길 때 좋습니다. 비단 제조업이 아니더라도 사무실을 이사하거나 큰 물건이 들어올 때 화물 엘리베이터가 따로 있다면 상당히 편리합니다.

실외기 위치

기존 아파트형공장의 실외기실은 대부분 각 호실에 따라 설치되었습니다. 요즘은 1개 층의 모든 실외기를 한두 곳에 모아놓는 구조로 설계하는데 이는 장단점이 있습니다. 호실 내에 실외기실이 있다면 전용면적에 들어갑니다. 반면 공용 실외기실이 있다면 전용면적을 차지하지 않으며, 발코니 공간을 다 쓸 수 있고, 소음 문제도 없습니다. 그런데 실외기실과 먼 곳의 호실은 불편한 상황이 발생할 수 있습니다. 지식산업센터는 작은 건물이 아닙니다. 지식산업센터가 크다면 통합 실외기실에서 호실까지의 거리가 80~90m가 될 수도 있습니다. 그 거리가 열 손실을 만듭니다. 통합 실외기실에서 먼 호실은 가까운 호실보다 겨울에 더 춥고 여름에 더 덥습니다. 그래서 예정보다 냉난방기 대수를 늘려야 하는 경우도 생깁니다.

냉난방 시간

택지지구에 있는 지식산업센터는 대부분 지역난방을 이용합니다. 난방을 중앙에서 관리하므로 정해진 시간에만 냉난방이 되기 때문에 야근과 주말근무가 많은 기업이라면 추가로 냉난방기를 설치해야 합니다. 초기 택지개발지구에 들어가는 지식산업센터에 이 문제가 상당히 빈번하게 제기되어, 최근에는 개별 호실에서 조절할 수 있는 형태의 난방 시스템이 도입되고 있습니다. 다만 전부 적용되는 것은 아니니 확인이 필요합니다.

어느 호실을
선택할까?

어느 지역에 어느 지식산업센터를 선택할지 후보를 추렸다면, 다음
은 어떤 호실을 선택할지 결정합니다. 고려해야 할 핵심 요소를 살
펴보겠습니다.

좋은 호실 선정 기준

핵심 요소 3가지: 높은 층, 남향, 코너

투자자 입장에서는 내 상품이 다른 상품보다 더 좋게 보여야 합

니다. 그런 면에서 시각적으로 보이는 것이 중요합니다. 코너 자리가 더 개방감이 있고, 높은 층의 남향이 더 밝고 깨끗해 보입니다. 때로 실용성보다는 이런 이미지가 더 크게 어필되기도 합니다. 그런 면에서 인테리어와 맥락이 비슷합니다.

사실 향이나 층은 실제로 일하는 사람들한테는 크게 중요하지 않습니다. 주거가 아니기 때문에 남향이 아니어도 되며 집기나 기계에 햇빛이 닿는 것을 꺼릴 경우 북향을 골라 들어가는 경우도 있습니다. 다만 북향은 아무래도 난방비가 더 나옵니다. 제조형 드라이브 인인 경우에는 자동차 동선을 줄이기 위해 낮은 층을 선호합니다.

코너 자리는 발코니가 서비스 면적으로 주어지기 때문에 2개 발코니 또는 3개 발코니가 있는 경우 빛이 잘 들어와 환하며, 상대적으로 넓게 사용할 수 있습니다. 또 코너 호실은 분양가도 높기 때문에 요즘은 설계할 때 여러 번 꺾어서 많이 넣으려고 합니다([그림 6] 참조).

기타 고려 요소

- **전망:** 한강이나 바다 뷰 등 드물지만 전망이 좋은 경우는 플러스 요소가 됩니다.
- **엘리베이터 앞:** 엘리베이터 앞은 선호도가 갈립니다. 규모가 큰 회사일 경

그림 6 ▶ 코너를 많이 배치한 지식산업센터 도면 예시

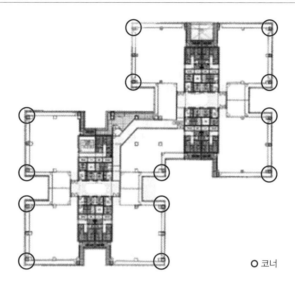

○ 코너

우 엘리베이터에서 나오자마자 멋지게 장식된 회사 출입문이 보인다면 마치 그 층이 다 그 회사 것같이 보이는 효과가 있습니다. 또 전시 효과가 필요한 곳도 엘리베이터 앞을 선호합니다. 그러나 북적거리는 것을 싫어한다면 엘리베이터 앞을 비켜난 호실을 택합니다.

- **화장실 앞:** 소음과 냄새 때문에 피하는 자리입니다.
- **낮은 층:** 드라이브 인 시스템의 경우 차로 움직이는 거리를 최소화하기 위해 낮은 층을 선호합니다.
- **층고:** 층고가 높으면 개방감이 좋습니다. 물건을 적재하기도 좋고 제조업체에서는 기계장치 및 호이스트(비교적 가벼운 물건을 들어 옮기는 기중기)를 설치

하는 등 다양한 용도로 사용할 수 있습니다. 제조업이 들어오려면 높은 층고가 필수지만, 사무 용도로 사용하는 경우라면 너무 높은 층고는 잘 생각해야 합니다. 층고가 높으면 냉난방의 효율이 떨어지고, 전구를 갈 때도 고층 사다리를 사용해야 하는 등 유지 보수 비용이 많이 들 수 있습니다.

- **희소성이 있는 평형:** 예를 들어 어떤 지식산업센터가 전용 20평대가 가장 많고 전용 10평대와 전용 40평대가 간간이 있으면, 전용 10평대와 전용 40평대를 희소성이 있다고 이야기합니다. 희소성이 있는 물건은 임대가 잘 됩니다. 과거에는 대형 평형이 주류를 이뤘기 때문에 소형 평형이 희소성 있었고, 현재는 대부분 소형 평형 위주이기 때문에 의외로 중대형 평형이 틈새로 여겨지고 있습니다.

- **인테리어:** 이왕이면 인테리어가 되어 있는 호실이 좋습니다. 뒤에 나올 '인테리어로 수익률 높이기' 편에서 상세히 다루겠습니다.

지하 호실

지하층에서 좋은 호실은 지상 건물의 밑에 있는 호실입니다. 지하층의 지붕에 해당하는 곳이 흙이거나 옆의 벽면이 흙과 닿는 부분이라면 아무리 방수 공사를 한다고 해도 습기가 올라올 수 있기 때문입니다. 엘리베이터나 계단은 지하부터 지상까지 연결됩니다. 따라서 그 주위는 습기가 적고 쾌적합니다. 지하층의 맨 바닥 층은 땅과 닿아 있는 곳입니다. 그래서 습기가 올라올 수 있고, 주로 주차장으로 구성됩니다.

📃 투자자에게 좋은 호실이란?

분양가를 책정할 때는 평균 가격을 잡고 가장 낮은 곳과 높은 곳의 차이를 약 100만 원 정도 나도록 합니다. 앞에서 언급했듯이 사람들이 좋다고 여기는 남향이나 층이 높은 곳, 코너 호실 등은 분양가가 상대적으로 비쌉니다. 그러나 지식산업센터는 주거형 공간이 아니고 사무 공간이기 때문에 업무를 보는 데는 큰 차이가 없습니다. 따라서 분양 시 금액 차이는 시간이 지남에 따라 줄어듭니다.

그렇다면 투자자에게는 어떤 것이 좋을까요? 임대사업을 한다면 굳이 높은 층을 가지 않아도 되고 좀 더 저렴한 물건을 찾는 것도 방법입니다. 임대료를 조금 낮게 책정해 내놓는다면 저렴한 곳을 찾는 수요가 있기 때문에 이것이 수익률 측면에서 더 좋을 수 있습니다. 기업들의 수요가 확인되었다면 여러 전략 중 어떤 것을 택할지 생각해보기를 권합니다.

마지막으로, 매매가 상승 여력 등은 어느 호실을 골랐는지보다는 어느 지역인지, 어느 지식산업센터인지 등 상위 개념을 따라갑니다. 따라서 같은 금액으로 더 상급지를 갈 수 있는지를 매수 전에 반드시 체크하기 바랍니다.

제조형 드라이브 인은
무엇을 봐야 할까?

최근 코로나19의 영향으로 인해 물류의 중요도가 크게 높아졌습니다. 지식산업센터도 물류와 유통이 편리한 경우 수요가 꾸준합니다. 제조업이 들어온다면 큰 기계의 설치와 원자재 및 제품의 물류 등을 위해 고려할 사항이 많습니다. 드라이브 인은 (화물)차가 해당 층까지 들어올 수 있게 만든 것을 말합니다.

차량 이동 용이성

- **허용 중량:** 차량 진입이 몇 톤까지 가능한지 확인합니다. 제조형은 2.5~5톤

트럭이 지식산업센터 내부에서 이동 가능하도록 설계합니다.

- **도어 투 도어:** 차를 호실 앞까지 댈 수 있는지와 차가 호실 안까지 들어갈 수 있는지 확인합니다. 차량의 주요 동선에 있는 호실은 이동 차량과 조업 차량이 엉켜 혼잡할 수 있고, 이로 인해 조업을 방해할 수 있습니다. 호실을 선택한다면 기왕이면 이런 호실은 피하는 것이 좋습니다.
- **주차장 램프:** 트럭으로 이동을 많이 하기 때문에 곡선형으로 빙글빙글 돌아 가는 램프보다는 직선형으로 올라가는 램프를 선호합니다.
- **층:** 고층으로 갈수록 물류 이동 시간이 길어지고 비효율적이라 저층을 선호 합니다.

교통 환경

화물의 운송에 유리하도록 주요 도로와 인접해 있어야 합니다. 큰 차들이 오가야 하므로 주차장으로 들어가는 도로는 최소한 편도 2차선 이상이어야 합니다.

하중

과거 아파트형공장 시절에는 1m²당 최대 3톤까지 견디도록 설 계했으나 최근의 지식산업센터는 1m²당 1톤이 안 됩니다. 제조형 이라면 적어도 1m²당 1톤 이상으로 중량물이 들어갈 수 있어야 합 니다.

전기

설비를 돌리기 위해 고압 전기가 필요한 경우가 있습니다. 전기 용량이 부족하면 공업용 전압조정기를 활용해 승압을 해야 하는데 비용이 듭니다. 따라서 제조업체가 입주하는 경우에는 3상 380V를 제공하는지 체크합니다.

층고

기계 설비를 설치하거나, 원재료·반제품·완제품 적재를 위해 층고가 높은 것이 유리합니다.

화물용 엘리베이터

호실 앞까지 차가 올라오지 못할 경우 하역장에서 하역을 한 후 화물용 엘리베이터를 사용해야 합니다. 엘리베이터 용량이 작다면 여러 번 물건을 이동해야 합니다. 지식산업센터에는 여러 업체가 입주해 있는 만큼 정체가 일어나지 않도록 화물용 엘리베이터는 넉넉히 있는 지 확인합니다. 운반할 물건이 많다면 화물용 엘리베이터와 가까운 곳이 더 효율적입니다.

제조업체는 입주해서 설비 설치를 하고 나면 다른 곳으로 이동하기 상당히 어렵습니다. 그래서 임차로 들어오면 오랫동안 안정적으로 임대가 보장됩니다.

지원시설은 어떻게 투자해야 할까?

📍 상가

지식산업센터 내 상가는 업무지원시설이기 때문에 산업단지 여부와 상관없이 일반인도 투자할 수 있으며, 잠재 고객이 확보되어 있어 인기가 많습니다. 하지만 이런 장점이 실제보다 더 좋게 부풀려져 보이는 경우가 많아 현혹되기도 쉽습니다.

지식산업센터의 상가는 이용 고객이 많을까?

상가 투자에서 가장 중요한 것은 수요입니다. 지식산업센터는 상주 인원이 많기 때문에 마치 유효 수요가 많은 것처럼 착시를 일으킬 수 있습니다. 그러나 지식산업센터의 상가는 반쪽짜리 영업을 합니다. 오후 6시만 되면 거의 모두 퇴근하기 때문입니다. 주 52시간 근무제 정착으로 야근은 줄고, 주말에는 아무도 없습니다. 간혹 주변에 아파트가 있어 그쪽 주민들이 지식산업센터 내 상가에 유입된다고 홍보하는 경우가 있는데, 그런 경우는 그리 많지 않습니다.

지식산업센터 내 음식점은 평일 점심 장사로 모든 수익을 내야 합니다. 일반 상가의 음식점은 오전 11시부터 오후 2시까지도 점심 손님이 있습니다. 그러나 지식산업센터의 점심시간은 한정되어 있으며, 1시 이후에는 한가해집니다. 또한 지식산업센터 입주 기업들이 중소 기업체다 보니 빠르고 싼 구내식당을 선호하는 편입니다.

지식산업센터의 상가 임대는 잘되나?

최근 준공한 지식산업센터를 방문해보면 위쪽의 사무실용 호실은 다 찼는데 1층의 상가가 많이 비어 있는 것을 볼 수 있습니다. 통상적으로 분양이 다 되었다 하더라도 기업체들의 입주가 완료되려면 약 1년의 시간이 걸립니다. 상가는 입주 속도에 맞춰 천천히 들어옵니다. 따라서 상가를 임대하려는 투자자라면 공실이 길어질 수 있음을 염두에 두어야 합니다.

고객에게 높은 상가 분양가를 설득하기 위해 예상 임대료를 높게 예측하는 경우도 있습니다. 이런 곳은 임차인을 들이지 못하거나 임차인이 버티지 못하고 나가면 임대를 맞추기 어려운 상황이 됩니다. 선 임대를 맞췄을 때는 임대료가 분양가나 매매가에 미리 포함된 경우도 있습니다. 따라서 임대료나 분양가가 주변 시세에 맞게 적절하게 책정되었는지 투자 전에 살펴보기 바랍니다.

보증금과 월세는 자유롭게 올릴 수 있나?

지식산업센터의 상가는 환산 보증금액이 대통령령으로 정한 금액보다 작을 때만 「상가건물 임대차보호법」이 적용됩니다. 환산 보증금액은 상가의 월세에 100을 곱하고 보증금을 더해 구합니다. 이 금액이 다음 네 가지에 속할 때 「상가건물 임대차보호법」이 적용됩니다.

- **서울:** 9억 원 이하
- **수도권 과밀억제구역과 부산:** 6억 9천만 원 이하
- **기타 광역시, 세종시, 파주시, 화성시, 안양시, 용인시, 김포시, 광주시:** 5억 4천만 원 이하
- **그 외의 지역:** 3억 7천만 원 이하

「상가건물 임대차보호법」이 적용되면 임대차 기간의 기준은 1년이며, 임차인은 10년간 계약갱신청구권을 갖습니다. 임차인이 계약 종료 1~6개월 전에 갱신 의사를 밝히면 임대인은 특별한 이유 없이

거절할 수 없습니다. 묵시적 갱신이 된 경우 1년간 유효하며, 그 기간 중 아무 때나 임차인은 계약 해지를 통보할 수 있고, 통보 날짜로부터 3개월 후부터 효력이 발생합니다. 임대인은 차임 또는 보증금을 5%까지 증액할 수 있습니다. 다만 계약 갱신 시 기존 계약 체결 후 1년 이내는 차임이나 보증금 증액이 불가합니다.

투자하기 좋은 상가는 무엇인가?

업종 지정 상가는 투자하기 좋습니다. 업종 지정이라는 것은 해당 지식산업센터 내에 그 업종은 지정된 호실만 사용할 수 있다는 뜻입니다. 분양할 때 모든 호실의 소유주에게 어떤 호실이 어떤 업종으로 지정되었는지 공지하고 다른 호실에서는 해당 업종을 운영할 수 없다는 동의서를 받습니다. 예를 들어 커피숍으로 업종이 지정되었다면 빵집에서 빵과 함께 커피를 팔면 안 됩니다. 소송을 할 경우 100% 빵집이 패소합니다. 업종 지정 효력은 해당 지식산업센터가 없어질 때까지 지속됩니다.

업종 지정은 주로 구내식당, 편의점, 커피숍, 부동산, 문구점 등에 적용됩니다. 좋은 곳은 분양대행사나 시행사가 선점하는 것이 많은데 분양 시장이 어려워지다 보면 간혹 팔아야 하는 경우가 생깁니다. 따라서 업종 지정 상가를 노린다면 공인중개사와 분양 사원에게 지속적으로 구입 의사를 밝히는 것이 좋습니다. 연면적 2만 평 이상의 규모가 큰 지식산업센터에 단독으로 들어가는 상가라면 분양을 받아도 꾸준히 임대를 잘 맞출 수 있어 괜찮습니다. 물론 이때도 주변 상가 임대가 및 수익률 분석은 필수적으로 해야 합니다.

요즘 업종 지정 상가 중 좋은 것은 부동산입니다. 공인중개사무소는 지식산업센터 입주가 시작되자마자 제일 먼저 입점합니다. 지식산업센터가 소형화되면서 호실이 많아졌고, 이들의 임대와 매매를 다 맞춰야 하기 때문에 부동산이 매우 활성화되었습니다. 자금 여력이 된다면 업종 지정된 부동산 자리를 구매하면 안정된 수익을 볼 수 있을 것입니다.

구내식당도 임대용 투자로 좋습니다. 지식산업센터의 연면적이 1만 5천 평 이상이고, 업종 지정이 되어 있으며, 전용 150평 이상에 15억~20억 원 내외의 가격이라면 투자해볼 가치가 있습니다. 구내식당을 업종 지정하면 그 지식산업센터에 음식점이 들어오지 않기 때문에 상가 분양이 잘되지 않습니다. 따라서 구내식당 업종 지정을 하지 않는 것이 최근 추세입니다. 마찬가지로 커피숍도 업종 지정을 해주지 않습니다.

필요 금액 및 매수 전략

상가는 대출이 50~70% 정도 나오기 때문에 자기자본이 최소한 30~50%는 있어야 합니다. 좋은 상가를 살 생각이 있으면 공인중개사무소와 분양 사원에게 본인이 의향이 있으니 좋은 물건을 소개해달라고 이야기해야 합니다. 앞에서 언급한 업종 지정이 되었거나 좋은 업종 상가들은 일반인에게까지 오지 않습니다. 따라서 부동산과 친하게 지내고 공격적인 의사 표시가 필요합니다. 지식산업센터에서 업종 지정 상가는 대박 상가는 아니지만 오랜 기간 안정적으로 운영할 수 있는 상가입니다. 그런 부동산은 취득이 쉽지 않습니다.

📍 창고

업무지원시설의 하나인 창고는 주로 지하층에 있습니다. 사무실과 창고를 분리해 운영하려는 업체에 임대가 잘되는 편입니다. 또한 지식산업센터 입주 후 기업이 크면서 사무실을 하나 더 임대하기에는 금전적 부담이 있을 때 창고를 임대해 공간을 확보하는 경우가 있습니다. 지하에 있어 저렴하고 인테리어가 필요 없어 추가 비용이 안 들어갑니다. 하지만 지원시설이기 때문에 대출은 50~60% 정도만 가능하며, 지하에 위치하기 때문에 습기가 올라올 수 있다는 것은 단점입니다. 지하 어느 호실이 좋은지는 앞서 다루었던 좋은 호실 선정 기준을 참고하시기 바랍니다.

인테리어로
수익률 높이기

지식산업센터에서 인테리어는 중요한 요소입니다. 특히 기업이 주 사용자임을 감안한다면 더욱 간과할 수 없습니다. 외부 사람이 많이 오는 곳이다 보니 겉으로 보이는 모습이 좋을 때 기업이 얻는 효과가 큽니다. 대외적 신뢰를 줄 수 있는 인테리어는 지식산업센터를 임대 목적으로 투자하려는 투자자가 염두에 두어야 할 요소입니다.

과거의 지식산업센터는 기본적으로 전용면적이 30~40평에 육박하는 어느 정도 규모 있는 호실이었습니다. 하지만 현재 지식산업센터는 대부분 전용면적 10~20평대의 소형 사무실들이 주를 이루고 있습니다. 면적이 크다면 대표실, 회의실, 접견실 등 여러 개의 룸으로 다양하게 인테리어를 구성할 수 있지만, 최근에는 소형 위주 분양으로 공간이 작다 보니 대부분 비슷한 형태의 인테리어가 나올 수밖에 없는 구조입니다. 평형대별로 기업의 규모가 어느 정도는 정해지기 때문에 그에 맞는 인테리어가 필요합니다.

전용면적 10~20평대의 지식산업센터는 중견 기업이 들어오는 경우가 많지 않습니다. 이제 막 시작하는 스타트업이나 조금 안정권에 들어간 신생 기업들이 주 사용자입니다. 따라서 이런 기업의 니즈에 맞는 인테리어를 해야 합니다. 회사 규모가 작을수록 대표이사가 직접 임대 물건을 보고 판단하는 경우가 많습니다. 따라서 호실을 볼 때 대표이사의 마음을 사로잡는 색감과 포인트가 있다면 그것이 바로 임대로 연결되는 핵심 요소입니다.

제조업이 아닌 단순 사무 공간으로 국한했을 때, 대부분의 소형 지식산업센터 인테리어는 비슷한 모습입니다. 투자자 입장에서 가장 기본적으로 신경 써야 할 인테리어는 다음과 같습니다.

- **대표이사실:** 회사의 리더인 대표는 독립된 공간을 원합니다. 그래서 대표이사실을 따로 만들어 포인트를 준다면 빠르게 임대로 이어질 확률이 높고 안정적인 임대사업을 운영하는 데 플러스 요인이 됩니다. 대표이사실은 되도록 창을 가리지 않고 밝게 하기 위해 유리 룸을 창 쪽에 설치합니다([그림 7] 참조). 위쪽에 레일 등을 설치해 조명으로 포인트를 주기도 합니다. 전용 15~20평 정도면 대표이사실 포함 룸이 2개 정도 들어갈 수 있습니다.

그림 7 ▶ 소형 평형 대표이사실 예시

그림 8 ▶ 파사드 예시

- **파사드:** 파사드는 프랑스어로 건물의 정면을 뜻하는데 출입문 주변에 디자인을 넣어 외관을 돋보이게 만든 것을 말합니다. 회사의 얼굴이 되는 간판이 붙는 파사드는 신경 쓸 필요가 있습니다. 파사드를 잘 만들어놓으면 나머지 부분이 미흡해도 임대가 잘되는 편입니다([그림 8] 참조).
- **시스템 냉난방기:** 필수적으로 설치합니다. 최근에는 분양 시 포함되는 경우도 많습니다.
- **출입문:** 지식산업센터 호실의 문은 보통 베이지색 방화문입니다. 이것을 철

그림 9 ▶ 출입문 인테리어 전(좌), 필름 입힌 문과 강화유리 문(중), 타공 문(우)

문에 필름을 입히거나, 유리를 넣은 타공 문으로 꾸미기도 합니다. 또한 철문 안에 강화유리 문을 하나 더 두는 경우도 있습니다.

- **싱크대:** 수도 공사를 하고 싱크대를 놓아 편리성을 높입니다. 싱크대 하부장은 필수로 하며, 상부장은 선반으로 대체하기도 합니다.
- **벽과 바닥:** 신축이라면 벽과 바닥 인테리어는 대부분 안 합니다. 바닥과 벽의 상태가 안 좋을 경우 타일을 새로 하거나 벽의 페인트를 손봅니다.
- **입주 청소:** 구축이라면 전문 청소업체를 통해 깔끔히 해놓는 것이 좋습니다.

인테리어 공사 기간은 약 일주일 정도면 마무리됩니다. 한번 인테리어를 하면 몇 년 동안은 손보지 않아도 되기 때문에 작은 평형을 보유한다면 기본적인 인테리어는 할 것을 추천합니다. 그래야 해당 호실이 경쟁력이 생겨 임대 물량이 많을 때 조금이라도 공실을 줄일 수 있습니다.

앞으로의 부동산 시장, 어떤 전략을 세워야 할까?

지식산업센터라 해도 시세 차익이 많은 곳을 선택할지, 아니면 안정적인 수익이 나오는 수익형을 선택할지에 모든 투자자의 관심이 집중되고 있습니다. 지식산업센터는 근본적으로 이 두 가지가 모두 해당되는 괜찮은 부동산 상품 중 하나였습니다. 서울 주요 지역에서 분양했던 지식산업센터는 대부분 시세가 연평균 5~8% 정도 상승했으며, 임대도 안정적이어서 수익형 부동산의 역할도 톡톡히 해냈습니다([표 3] 참조).

하지만 최근 들어 지식산업센터 시장이 과열되었습니다. 분양·매매 가격의 가파른 상승세는 수익형 부동산으로서의 입지를 약화

표 3 ▶ 서울 내 주요 권역 지식산업센터 평균 분양가 및 매매가격 현황[6]

지식산업센터	평당 평균(만 원)		입주 연월	연평균 상승률(%)	연면적(평)
	분양가	매매가			
금천구 우림라이온스밸리	403	1,125	2004.12	6.6	57,594
구로구 대륭 포스트타워 1차	574	1,302	2005.11	5.6	28,285
강서구 우림블루나인	616	1,344	2007.04	5.8	40,034
성동구 서울숲 코오롱1차	821	1,689	2010.06	7.1	17,199
영등포구 KnK 디지털타워	692	1,322	2013.01	8.5	21,062

그림 10 ▶ 지식산업센터 분양 심리

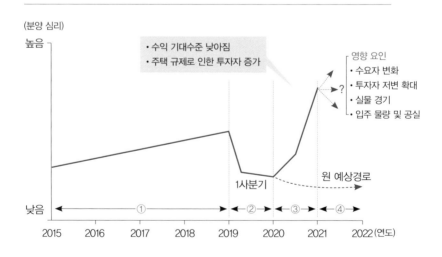

시킨 반면, 시세 차익형 부동산으로서의 입지를 강화시켰습니다. 이러한 변화를 가장 잘 반영하는 것은 분양 시장의 심리입니다([그림 10] 참조).

①번 구간

2015년 이전까지는 리먼 사태 이후 발생한 미분양 물량을 처리하기에 급급했고 신규 분양 물량이 적었습니다. 미분양 물건이 해소되고 나서 2015년을 기점으로 분양심리가 살아나기 시작했습니다. 또한 한국이 2017년 세계에서 가장 빠른 시간 안에 고령 사회에 진입하면서 고령화 및 노후 대비라는 키워드가 많이 회자되었습니다. 그래서 일반인들이 수익형 부동산에 관심을 가지면서 지식산업센터로 들어왔고, 그 수가 서서히 증가했습니다. 그에 맞게 분양 시장 분위기는 좋아졌고, 시행사들도 분양 물량을 쏟아냈습니다.

②번 구간

신규로 승인한 물량은 매년 최고치를 찍었고, 2015~2017년에 분양했던 지식산업센터의 입주가 시작되면서 기존에 진입했던 투자자들과 실입주할 기업들의 수요만 가지고는 분양 물량이나 입주 물량을 모두 감당해내기가 어려워졌습니다. 가시적으로 미분양이 생기고 공실이 많아지면서 "이렇게 공급이 많아도 되나."라는 생각이 투자자들 사이에 자리 잡게 되었습니다. 그러면서 2019년 초에 분양

심리가 급격히 꺾였고 2020년이 될 때까지도 여전히 내려가는 추세였습니다.

③번 구간

2020년 들어서 지식산업센터 시장은 전혀 다른 모습을 보입니다. 2020년 한 해 동안 지식산업센터는 그간의 미분양을 다 털어내고, 부동산 주류 상품으로 등장했습니다. 2020년 단 1년 동안 과거 대비 5~10배의 일반 투자자가 유입되었다는 것이 업계의 중론입니다. 이러한 투자자의 증가는 주택 시장의 규제 강화와도 밀접한 관련이 있습니다. 다주택자의 취득세, 보유세, 양도세 강화와 규제 지역의 확대로 인해 주택 투자에 한계를 느낀 투자자들이 지식산업센터로 유입되었습니다. 또한 지속되는 저금리로 인해 4%대의 수익률도 괜찮아 보이는 효과가 있어 투자자들이 관심을 갖게 되었습니다.

④번 구간

2021년은 어떻게 될까요? 만일 주택 규제가 없었다면 2020년부터 그래프 우측 하단의 점선처럼 하향 곡선을 그렸을 것입니다. 한동안 분양 심리가 낮아지고, 미분양 물건이 쌓였다가 서서히 반등하는 모습으로 가는 것이 정상 궤도입니다. 그런데 주택 규제로 인해 들어온 투자자들의 힘으로 그래프가 수직 상승했습니다. 이런 기조가 바뀌지 않는 이상 2021년에도 상승세는 이어질 것으로 보입니다. 아직 투자자의 저변 확대가 다 끝난 것이 아니고, 자금의 유동성도 계속 클 것이며 주택 규제도 약화되지 않을 것으로 예상됩니다. 이런 경우에는 레버리지 효과를 충분히 살릴 수 있는 지식산업센터만 한 부동산 상품이 없어 관심이 몰릴 것입니다. 다만 코로나19의 영향과 주택 규제의 움직임에 따라 지켜볼 필요는 있습니다.

이왕이면 희소성 있는
지식산업센터를 선택하자

강서구의 한 지식산업센터에서 사업을 하는 A대표님을 만난 것은 약 1년 전입니다. 이분은 입주자 대표들로 구성된 관리단에서 총무를 역임하는 등 지식산업센터에 대해서는 해박한 지식이 있었습니다. 하지만 지식산업센터에 입주한 많은 대표님처럼 그곳을 사무실·공장으로만 사용하고 투자는 생각해보지 않은, 전형적인 사업만 하던 사례였습니다. A대표님은 오랜 기간 사업을 했으나 손에 남는 것은 별로 없고, 다른 사람들의 지식산업센터 투자 수익이 본인의 사업 수익을 앞지르자 투자에 관심을 두기 시작했습니다. 그러던 중 2020년 2월 제가 연 세미나에 참석해 저에게 조언을 구했습니다.

A대표님은 사무실을 옮길 예정이었기 때문에 현재 위치와 가까운 영등포나 성수를 알아보던 차였습니다. 특히 성수역에 가까운 지식산업센터가 마음에 들었는데 프리미엄이 높아서 망설였습니다. 저는 A대표님께 성수 생각공장 데시앙플렉스(이하 성수 생각공장)를 추천했습니다. 지금이야 생각공장이 랜드마크가 되어 선호 대상이지만 당시에는 건물이 올라가는 중이었고, 역에서 거리가 멀기 때문에 사람들의 관심도 낮았습니다.

이곳을 추천한 결정적인 이유는 대한민국의 업무와 교통의 중심이 강남과 삼성역으로 집중되고 있기 때문이었습니다. 특히 삼성역은 현대 글로벌비즈니스센터가 건립되고, GTX A와 C라인이 지나가며, 위례신사선, 도심공항 터미널 등으로 교통의 요지가 될 것입니다. 삼성역에서 영동대교만 지나면 바로 성수이기 때문에 그 효과가 클 것으로 봤습니다. 두 번째 이유는 이런 대규모 지식산업센터가 성수에 더 이상 들어올 수 없다는 것이었습니다. 성수는 구도심이다 보니 큰 토지가 전무합니다. 그래서 희소성이 있습니다. 위치는 역과 멀어 어정쩡하지만 위의 두 가지 요소로 그런 단점을 모두 극복할 수 있을 것으로 봤습니다.

성수 생각공장은 SKV1과 같이 지어졌습니다. 대로변에 성수 SKV1 1동과 2동이 있고 그 뒤에 생각공장이 있습니다. 생각공장 건물은 연면적 약 2만 1천 평으로 SKV1의 1동(연면적 약 1만 7천 평)과 2동(연면적 약 5천 평)을 합친 것과 비슷합니다. 사람들은 SKV1이 대

로변에 있어서 더 좋다고 했고 프리미엄도 이곳이 더 높았습니다. 하지만 연면적이 크면 랜드마크 효과도 있고, 들어갈 수 있는 인프라가 많고 다양해 업무하는 데 더 편리합니다. 따라서 연면적이 큰 생각공장이 더 좋을 것으로 판단하고 그곳을 추천했습니다. 예상했던 대로 입주하고 나서는 판도가 바뀌었습니다.

2020년 2~3월은 일반 투자자가 아직 지식산업센터 시장에 많이 진입하지 않은 때였습니다. 그래서 프리미엄도 평당 30만~40만 원이었습니다. 당시만 하더라도 프리미엄을 주고 역세권도 아니고 대로변도 아닌 생각공장 매입을 결정하기가 쉽지 않았습니다. 그래서 많은 사람에게 생각공장을 권유했어도 이를 택한 사람은 10명 중 1명꼴이었습니다. A대표님은 주말에 역에서 직접 생각공장까지 걸어가보고 주위를 살핀 후 프리미엄을 포함해 평당 1,200만 원 후반대에 매입했습니다. 2021년 3월 기준 매물은 없으며, 1년 만에 가격은 평당 2천만 원을 넘겼습니다.

성수동 생각공장은 호텔급 로비에 커뮤니티 시설을 2층에 배치하는 등 새로운 시도를 했습니다. 이런 고급화 설계 전략은 천정부지로 올라가는 토지가 대비 고분양가로 갈 수 있는 핵심 요인이 되었습니다. 실질적으로 이곳의 입주자 입장에서는 멋진 건물에 근무해 외부에서 손님이 왔을 때도 손색이 없고, 내가 이런 곳에서 근무한다는 자부심도 가질 수 있게 합니다.

핵심 역세권에서 멀어 입지가 살짝 떨어지는 반면 브랜드와 연면적이 탁월한 곳이 가산에도 있습니다. 현재 분양 중인 현대 퍼블릭입니다. 평균 분양가가 1,030만 원대인데 처음 분양할 때는 사람들이 비싸다고 느꼈습니다. 하지만 지금 보면 주위 신규 분양 물건의 분양가가 올라가고 있어서 이 정도 분양금액도 저렴해 보입니다.

박 대표의 Tip

이것이 불과 1년 전 상황입니다. 무엇이 이 건물의 가격을 이토록 크게 올렸을까요? 궁극적으로 실제 사용하는 기업의 만족도를 올리는 건물이 투자로서도 훌륭한 물건이 된다는 결론이 나옵니다. 다른 지식산업센터는 작은데 이 건물만 크며, 더 이상 이런 큰 건물이 나오기 힘들다는 희소성이 성수 생각공장을 더욱 빛나게 할 것입니다.

지식산업센터 시장은 미분양을 털어낸 후 2020년부터 호황을 누리고 있습니다. 주택에만 관심을 두던 투자자가 지식산업센터로 들어오면서 지역과 무관하게 대부분 분양이 잘되고 있습니다. 이런 상황에서는 분위기에 휩쓸려 시장을 냉정하게 보지 못하고 좋은 부분만 확대해 볼 수 있습니다. 이 장에서는 투자 시 조심해야 할 점과 자주 발생하는 문제점을 살펴보겠습니다.

| 4장 |

지식산업센터 투자,
이것만은 조심하자

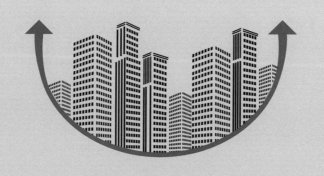

지식산업센터 투자 시 주의해야 할 점

한 사람만 건너면 지식산업센터에 투자했다는 이야기를 듣곤 합니다. 그만큼 마땅한 투자처가 없는 부동산 시장에서 지식산업센터는 매력적인 상품입니다. 불과 2018~2019년까지만 해도 투자자가 많지 않아 기업들 위주로 분양을 했었는데, 그 시기에는 수요가 적어 어려움을 겪었습니다. 궁극적으로 입주하는 주체가 기업이라는 것을 고려한다면, 그 리스크는 아직도 잠재해 있을 것입니다. 최근 투자자들이 들어와 분양 물량을 처리해줌으로써 그 리스크가 보이지 않을 뿐입니다. 따라서 지금부터의 투자는 더더욱 신중해야 합니다. 지식산업센터 투자 시 주의할 점을 알아보겠습니다.

📍 단기 공급 과다

실수요자라면 크게 상관이 없지만 임대를 목적으로 하는 투자자의 경우 문제가 됩니다. 공급이 많아지면 공실의 위험이 커지고 서로 먼저 임대를 맞추려고 과다 경쟁을 하게 됩니다. 인테리어 비용, 공인중개사 추가 수수료, 렌트프리 등 생각지 못했던 비용은 결국 수익률 저하와 직결됩니다. 주위에 신규 공급 물량이 얼마나 있는지를 살피고, 새로 들어오는 물량과 비교해 내 것이 경쟁력이 있다면 투자를 해도 됩니다. 그렇지 않다면 예상치 못한 공실로 이어질 수 있으니 투자를 다시 한번 고려해야 합니다.

아직까진 분양 정보를 한곳에 모아놓은 포털이 없습니다. 지식산업센터 관련 카페에 가면 분양 정보가 많이 있으니 참고하시고, 현지 부동산을 통해 관련 정보를 알아보시기 바랍니다.

📍 과도한 영업용 홍보 문구

대출 90% 가능

2020년 12월 기준, 지식산업센터는 담보로 70% 대출이 나오고 10%는 운전 자금 또는 신용으로 대출이 나옵니다. 하지만 90%까지 대출을 받으려면, 기업의 신용이 좋고 안정적으로 운영되는 곳만 가능하기 때문에 모두 90% 대출을 받을 수는 없습니다. 실제 매출이 있고 회사가 안정적으로 운영되는 경우에는 담보 범위 안은 시중 제1금융권의 은행을 이용하고, 추가로 받고자 하는 신용 부분은 기술보증기금이나 신용보증기금에서 보증서를 발급받는 방법으로 90%까지 대출을 확보할 수 있습니다. 임대사업자는 사업의 전력이 없고 일반 개인이므로 소득이 탁월하게 많은 개인이 아니고서는 실질적으로 대출 90%는 어렵다고 봐야 합니다. 70~80%를 대출 금액으로 보고 자금을 준비하는 것이 좋습니다.

높은 수익률

수익률은 고무줄과 같습니다. 대출을 얼마나 받는지, 취득세를 계산에 넣는지, 대출이자율을 얼마로 잡는지, 임대료를 어느 정도라고 가정하는지 등에 따라 결과는 천차만별입니다. 영업 자료만 보면 20~30% 수익률도 흔히 볼 수 있습니다.

분양평수 20평, 전용 10평에 평당 1천만 원, 임대료는 평당 4만 원인 것으로 가정하고 한번 계산해보겠습니다. 임대 보증금은 일반적으로 월세의 10배로 정하며, 이 사례에서는 800만 원입니다. 취득세를 포함하지 않고 부가가치세는 선납 후 돌려받으므로 계산에 넣지 않았습니다. [표 1]에서 보는 것과 같이 대출이 하나도 없을 때 자기자본 수익률은 5%, 대출이 90%일 때 자기자본 수익률은 42.5%입니다.

표 1 ▶ 취득세 미포함 시 자기자본 수익률

(단위: 만 원)

			사례1	사례2	사례3	사례4
분양평수	20평	분양금액	20,000	20,000	20,000	20,000
전용평수	10평	대출 비율	0%	50%	70%	90%
평당 매매가	1,000	대출금액	–	10,000	14,000	18,000
총 분양가	20,000	임대 보증금 (만 원)	800	800	800	800
평당 임대료	4	자기자본	19,200	9,200	5,200	1,200
임대가	80	연간 대출이자 (@2.5%)	–	250	350	450
임대 보증금	800	연간 임대료	960	960	960	960
대출이자	2.5%	순이익	960	710	610	510
		연간 수익률	5.0%	7.7%	11.7%	42.5%

만일 취득세를 포함하면 어떻게 될까요? 임대사업자는 4.6%의 취득세를 냅니다. 홍보 자료를 보면 분양받을 때 실사용 기업은 취득세를 50% 감면해주기 때문에 2.3% 취득세만 감안한 것도 있습니다. 실사용 기업을 위주로 한 분양 홍보물이라 이렇게 나오는 것인데, 2.3%의 취득세만 감안하면 수익률이 부풀어 있으므로 본인이 다시 계산해봐야 합니다. 다시 예로 돌아가서 취득세 4.6%인 920만 원을 추가하면 대출 비율에 따라 자기자본 수익률은 4.8~24.1% 사이입니다. 취득세를 반영하지 않았을 때와 비교하면 자기자본 수익률 차이는 대출 비율에 따라 0.2~18.4%가 됩니다([표 2] 참조).

표 2 ▶ 취득세 포함 시 자기자본 수익률

(단위: 만 원)

			사례1	사례2	사례3	사례4
취득세	920	대출 비율	0%	50%	70%	90%
대출이자	2.5%	자기자본	20,120	10,120	6,120	2,120
		순이익	960	710	610	510
		연간 수익률 (취득세 반영 전)	5.0%	7.7%	11.7%	42.5%
		연간 수익률 (취득세 반영 후)	4.8%	7.0%	10.0%	24.1%
		차이	0.2%	0.7%	1.8%	18.4%

대출이 크면 레버리지 효과로 인해 금리에 의해 수익률이 민감하게 반응합니다. 위의 사례에서 대출 90%를 받았을 경우를 보면 대출이율이 2.0%에서 4.0%로 변경되었을 때의 자기자본 수익률은 28.3%에서 11.3%로 떨어집니다([표 3] 참조).

표 3 ▶ 대출이율 변화에 따른 자기자본 수익률

(단위: 만 원)

			사례1	사례2	사례3	사례4
취득세	920	대출이율	2.0%	2.5%	3.0%	4.0%
대출 비율	90%	자기자본	2,120	2,120	2,120	2,120
		연간 대출이자	360	450	540	720
		순이익	600	510	420	240
		연간 수익률	28.3%	24.1%	19.8%	11.3%

앞서 2장에서 여러 물건을 비교하기 위해 하나의 수익률 잣대를 사용해야 한다 말하며 순수 수익률이라는 개념을 소개했었습니다. 영업 사원이 높은 수익률을 제시하더라도 대출 비율 0%인 순수 수익률을 계산해보고 주위 물건과 비교해보기 바랍니다.

대기업 후광 효과

대기업 주변에 지식산업센터가 있다면 그 효과를 얼마나 볼 수 있을까요? 일반 사람은 굉장히 클 것으로 기대합니다. 그도 그럴 것이 대기업은 같이 일하는 협력업체 및 연관되는 업체가 많기 때문입니다. 예를 들어 삼성은 11개 계열사의 1차, 2차, 3차 협력업체가 5,300여 개나 된다고 합니다.[1] 따라서 대기업 옆에 지식산업센터를 분양할 때는 이런 입지적 장점이 크게 부각됩니다.

하지만 전례로 봤을 때 그 효과가 그렇게 크지는 않았습니다. 대기업 주변이라 업체들이 지식산업센터에 대거 유입될 것이라는 것은 마케팅 문구로 그칠 가능성이 더 높습니다. 대기업의 협력업체는 그 규모가 작지 않은데, 어느 정도 규모가 있는 업체가 움직이려면 고려해야 할 사항이 많습니다. 따라서 대기업 가까이 있는 지식산업센터라고 해서 대기업 협력업체로 단기간에 모든 호실이 채워질 것이라는 가정은 무리입니다. 과거 대기업 근처에서 분양을 했던 곳을 방문해서 생각했던 것처럼 빠른 시간 안에 입주가 되었는지 분석해보면 알 수 있습니다. 물론 대기업이 근처에 있다면 좋기는 할 것입니다. 다만 그 효과가 기대한 것만큼 그리 크지 않을 수 있다는 점을 염두에 두어야 합니다.

교통 호재

주변 교통은 지식산업센터의 흥망에 지대한 영향을 미칩니다. 공실이 많던 곳에 지하철이 뚫리면서 바로 공실 해소가 되기도 하고, 매매가도 수직 상승하기도 합니다. 앞으로 교통이 좋아질 곳은 늘 관심의 대상이 됩니다. 하지만 확정되지 않은 사실을 마치 확정된 것처럼 과도하게 홍보하는 경우도 있고, 또 대규모 공사다 보니 개통이 예정보다 훨씬 늦어질 염려가 있기 때문에 확정이 아닌 계획상으로 존재하는 교통 호재는 주의하는 것이 좋습니다.

철도, 지하철 등의 신설 예정 계획은 미래철도DB(frdb.wo.to)라

그림 1 ▶ 미래철도DB 사이트 수도권 정보 화면

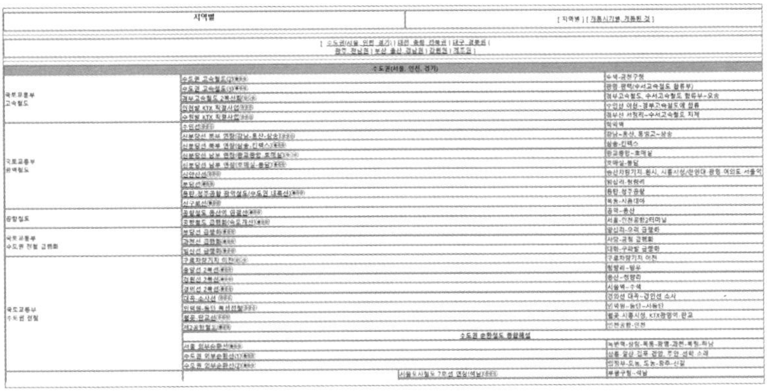

지식산업센터 투자, 이것만은 조심하자

는 사이트에서 손쉽게 찾아볼 수 있습니다([그림 1] 참조). 지역별·개
통 시기별로 볼 수 있으며 구상, 계획, 설계, 시공을 단계별로 신호
등처럼 표시해놓았기에 직관적으로 진행 상황을 알 수 있습니다. 각
링크를 클릭하면 지하철역, 개통 시기, 진행 상황 등 세부 내용이 일
목요연하게 정리되어 있습니다.

분양계약서에서
꼭 확인해야 할 사항

분양계약서에는 특히 신경 써서 봐야 할 곳이 있는데 그 내용은 다음과 같습니다.

- **목적물의 표시:** 해당 호수가 정확한지, 전용면적, 분양면적이 정확한지 검토합니다

- **분양금액 및 납부 방법:** 예금주가 신탁사인지 확인합니다. 다른 계좌로 입금된 것은 시행사에서 인정하지 않습니다. 예금주가 신탁사가 아니라면 왜 그런지 담당자에게 문의해서 사유를 정확히 알아둬야 합니다. 간혹 예외적으로 시행사와 시공사가 같은 경우가 있습니다. 과거 대륭건설, 에이스건설

이 대표적인 예인데, 이때는 건설사로 바로 입금하는 경우가 있었습니다.

- **연체료 및 지체상금:** 중도금 납부 기한은 계약서에 있으며 이것을 어길 경우 연체료가 있습니다. 또 건설이 늦어지거나 해서 입주가 늦어지면 같은 이율로 분양받은 사람에게 지체상금을 지불하거나 잔금을 깎아줍니다.

- **계약의 해제:** 계약을 해제하는 경우에는 여러 조건이 붙으며, 시기를 놓치면 계약 해제가 안 될 확률이 매우 높습니다. 따라서 관련 조항을 꼼꼼히 읽고 충분히 질문해서 조건을 모두 이해해야 합니다.

📍 계약을 해지하고 싶다면

계약은 항상 신중해야 합니다. 객관적인 판단을 하지 못한 상태에서 계약을 진행하고 후회하는 경우가 많습니다. 계약을 성사시키는 사람 입장에서는 어떤 식으로든 조항을 넣어서 계약이 이루어지도록 유도합니다. 간혹 분양으로 진행해야 하는 강제조항이 없음에도 불구하고 분양에 대한 이해도가 떨어지는 사람들은 계약을 해지하지 못해 어려운 상황에 빠지기도 합니다. 정확한 내용을 알고 각 단계마다 해지 가능한 조건이 무엇인지를 인지한다면 대처하기가 훨씬 수월할 것입니다.

입주 전 계약은 크게 네 가지 유형이 있습니다. 입주의향서만 낸 경우, 청약을 한 경우, 가계약을 한 경우, 계약을 한 경우입니다. 각

그림 2 ▶ 계약 유형별 해지 가능 여부

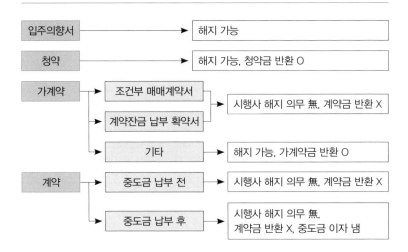

각 해제 가능 여부가 다른데, 요약하면 [그림 2]와 같습니다. 하나씩 자세히 살펴보겠습니다.

입주의향서만 낸 경우

지식산업센터 분양이 이루어지기 전에 잠재 고객 및 어느 정도의 수요가 있는지를 파악하기 위해 입주의향서를 받는 경우가 있습니다. 입주의향서는 법적으로 계약의 효력이 없기 때문에 철회가 가능합니다.

청약금을 내고 청약을 한 경우

건축 허가가 날 때쯤 호실별로 청약금과 함께 청약을 받습니다.

아직 건축 사양이 완전히 확정된 것이 아니기 때문에 확정 단계에서 면적이나 가격 등이 변동될 수 있습니다. 청약은 계약이 아니라서 해지 가능합니다. 청약금은 내부 프로세스를 거쳐 돌려주기 때문에 1~3주 정도 소요됩니다.

가계약을 한 경우

계약은 총 분양가의 10%를 납입하고 계약서를 작성합니다. 그런데 분양이 잘될 때는 하루에 여러 호실이 나가기도 하고, 분양하는 영업 사원 입장에서도 고객을 놓치고 싶지 않기 때문에 계약금의 10~50%만 걸고 가계약을 하기도 합니다. 예를 들어 3억 원짜리 지식산업센터 분양 물건이라면 원래는 계약금이 3천만 원이지만 호실을 잡아두는 개념으로 300만 원으로 가계약을 합니다.

가계약을 할 때는 조심해야 합니다. 예전에는 가계약이 취소되면 일주일 안에 환불해주기도 했으나 요즘은 가계약일 때도 환불이 안 되어 난처해지거나 이로 인해 고민하는 분이 많습니다.

계약을 성립하기 위해서는 계약금 10%를 납부하고, 필요 서류(개인사업자는 주민등록등본, 인감증명서, 사업자등록증, 신분증 사본/법인사업자는 대표자 신분증 사본, 법인 등기부등본, 법인인감증명서, 사업자등록증)를 제출하며, 계약서를 작성해야 합니다. 가계약은 이 과정을 전부 하지 않은 상태이니 원칙적으로 해지 가능하고 가계약금도 환불받을 수 있습니다. 그러나 현장에 따라 취소해주지 않고 가계약금을 돌려주지 않으며 소송까지 가는 경우도 있습니다.

다음 두 경우는 가계약금 환불이 되지 않습니다.

- **조건부 매매계약서를 작성한 경우:** 조건부 매매계약서는 정식 계약서를 쓰기에 앞서 호실 선점을 위한 것으로 정식 계약과 동일한 효력이 있습니다. 사실 기존 지식산업센터 분양에서 이런 방식은 없었습니다. 그런데 새로운 신규 투자자가 유입되고 분양대행사 또한 기존 지식산업센터에 특화된 대행사가 아닌 일반 부동산의 분양대행사가 들어오면서 이와 같은 방식이 도입되고 있습니다. 이럴 경우 해지 시 가계약금은 환불되지 않으니 각별히 주의해야 합니다.
- **계약잔금 납부 확인서를 작성한 경우:** 계약금을 1차와 2차로 나누어 계약금의 일부만 먼저 받는다는 확약서입니다. 그 안에는 '나머지 계약금과 필요 서류는 언제까지 준비한다.'라는 내용이 들어 있습니다. 납부하지 않을 경우 가계약금은 시행사에게 위약금으로 지불됩니다.

계약을 한 경우

계약금을 납부하고 관련 서류를 넣고 나면 정식 계약이 완료됩니다. 계약서를 잘 보면 다음과 같이 계약 해제에 관련된 조항이 있습니다. 내용을 보면 해지 시 계약금이 위약금으로 귀속되며, 중도금이 1회라도 납부된 경우 '갑'인 시행사가 승인해야만 해지가 가능하다고 명확히 밝히고 있습니다.

제X조(계약의 해제 등)

- 1항 3호: '을'은 개인의 사정으로 인한 경우 스스로 계약을 해지할 수 있다. 단, 중도금을 1회라도 납부한 후에는 '갑'이 인정하는 경우에 한한다.
- 2항: 동조 1항의 각 호에 해당하는 사유로 본 계약이 해제 또는 해지된 때는 총 분양금액(부가세 포함)의 10%를 위약금으로 '갑'에게 귀속하기로 한다.
- 4항: '을'은 계약 해제 또는 해지로 인한 어떠한 유익비나 필요비도 '갑'에게 청구할 수 없다.

계약 이후에는 해지 요청을 해도 시행사가 받아주는 경우가 많지 않습니다. 왜 그럴까요? 시행사 입장에서 계약 해지는 단순히 계약금을 돌려주고 끝나는 문제가 아닙니다. 분양받는 사람이 중도금을 대출받았는데 계약을 해지한다면 시행사가 금융기관에 그 대출을 갚아야 합니다. 한번 계약 해지를 받아주면 이런 요청이 계속 들어올 수도 있습니다. 시행사의 자금 운용에도 차질이 생길 수 있으며 분양대행사의 이해관계 등이 얽혀서 계약 해지 자체를 해주지 않는 경우가 많이 발생합니다. 시행사 입장에서는 해지할 이유가 없으며 법적으로도 시행사가 이길 수 있습니다.

계약을 할 때는 분위기에 휩쓸리지 말고, 계약서에 명시되어 있는 해제 관련 조항을 반드시 꼼꼼하게 확인하시기 바랍니다. 만일 계약을 포기하고 싶은데 시행사가 받아주지 않는 상황이 온다면 처음에는 이런 상황을 받아들이는 게 화가 나고 억울하겠지만 상황을 냉정하게 바라보고 해결해야 합니다. 계약 해지가 안 된다면 주변 부동산에 전매를 놓거나 등기를 치고 임대를 놓는 것이 일반적 수순입니다.

사업자 형태와 대출에 대하여

📍 개인사업자와 법인사업자

투자자라면 개인사업자와 법인사업자 중 어느 것이 유리할지 한 번쯤은 고민해봤을 것입니다. 현재 지식산업센터로 들어오는 투자자는 법인으로 주거용 상품을 투자해본 사람이 많습니다. 그래서 법인사업자를 내고 투자하려는 경향이 강합니다. 실질적으로 세금 측면에서 본다면 법인이 좋습니다. 그런데 과거 매출 기록이 없는 신규 법인사업자와 동일한 조건의 개인사업자가 있다면 은행은 이 둘을 다르게 평가합니다. 개인사업자의 경우 매출 기록이 없더라도 개인의 신용을 보고 대출해줍니다. 하지만 법인의 경우 매출 기록이 없을 때는 대출이 잘 안되며, 담보 대출 70%조차 힘들게 진행됩니다. 따라서 대출에 문제가 없다면 세금에서 유리하므로 법인으로, 그렇지 않다면 개인사업자로 투자하는 것이 좋습니다.

참고로 과거 부동산 임대업으로 법인을 낸 경우, 그 사업자로는 지식산업센터를 분양받을 수 없습니다. 지식산업센터는 들어갈 수 있는 업종이 한정적이며, 부동산 임대사업자는 여기에 해당되지 않습니다. 업종을 추가해 지식산업센터에 맞는 법인을 만든다고 하더라도 신규 법인은 매출 기록이 없거나 미흡할 것입니다. 은행은 임대사업을 하기 위해 만든 법인을 걸러내며, 이런 유형에 대한 대출을 가장 꺼립니다.

📍 대출을 잘 받으려면?

2020년 12월 기준 지식산업센터의 대출은 70%가 담보 대출이며, 신용에 따라 10~20%를 더 받을 수 있습니다. 은행 지점장 전결 금액 최대 한도가 5억 원이므로, 대출 5억 원 미만에 신용등급이 3등급 이상이라면 빠르게 대출을 받을 수 있습니다. 대출금액이 5억 원을 넘어가면 추가적인 심사가 있어 기간이 더 걸립니다.

요즘 지식산업센터 관련 대출 건수가 많아져 은행도 신용 체크를 신속하게 처리합니다. 그래서 예전에는 결과를 알기까지 며칠 걸렸는데 요즘은 1~2일이면 대략적인 결과를 알 수 있습니다. 하나의 은행에서 필요한 금액을 다 받을 수 없다면 2곳의 은행에서 나누어 받는 것도 방법입니다. 마치 마이너스 통장을 여러 개 만드는 것처럼 동시에 은행 2곳에서 대출이 가능합니다(담보 대출 제외). 요즘에는 은행의 서비스가 더 좋아져 대출자가 최저 금리를 원하는지, 아니면 금리가 조금 높더라도 대출을 많이 하는 것을 원하는지 등을 파악해 최대한 니즈를 충족시켜주려 하므로, 요구 사항이 있다면 적극적으로 이야기하는 것이 좋습니다.

은행에서 제일 좋게 보는 것은 꾸준한 사업소득이므로 대출 시 소득금액 증명이 얼마가 되느냐가 가장 중요합니다. 투자자의 경우 부부 중 한 사람이 직장생활을 하고 한 사람은 소득이 없는데, 무소득자 명의로 지식산업센터를 분양받는 경우가 있습니다. 이 경우라도 무소득자가 개인사업자를 내면 80%까지 대출이 가능합니다.

마지막으로 아파트에 투자하면서 기존의 대출이 많은 사람들이 있습니다. 이 경우 지식산업센터를 살 때 대출은 5억 원 미만까지 가능합니다. 하지만 대출금액이 더 크다면 처리가 어렵습니다.

대출이 잘된다는 것은 동전의 양면과도 같습니다. 대출이 많이 나오면 소액으로 투자가 가능하지만 월수입의 상당량 또한 대출이자로 나갈 것입니다. 그렇게 되면 실제 소득은 미미할 수 있어 결국 꾸준한 임대소득과 시세 차익이 기대되는 곳에 투자를 해야 합니다.

대출에 관한 모든 궁금증

◎ 제2금융권 대출도 괜찮을까?

사람들은 분양을 받을 때 계약금 10%는 본인이 준비해야 하니 신경을 쓰지만, 중도금이나 잔금은 대출이라 크게 관심을 갖지 않습니다. 중도금 대출은 시행사에서 투자자들을 대표해 금융사를 섭외하기 때문에 대부분 제1금융권에서 받을 수 있습니다. 그런데 건물이 커서 대출 규모가 커지면 2곳의 은행에서 빌리는 경우도 있는데, 이때 제2금융권이 섭외되기도 합니다.

제2금융권에서는 신용 조회만 하더라도 조회자의 신용등급이 떨어집니다. 만약 여기서 대출을 받고, 얼마 후 다른 대출을 또 받을 일이 생긴다면 하락한 신용등급으로 인해 문제가 발생할 수 있습니다. 대출해주는 곳이 어디인지 확인하고, 제2금융권인 경우 신용 하락을 감수할 것인지 판단 후 진행해야 합니다.

◉🗺 계약금도 대출이 된다

최근 새로운 분양 방식이 생겼습니다. 예를 들어 분양가가 5억 원이라면 계약금은 그 10%인 5천만 원입니다. 일반적으로 계약금은 자기자본으로 내야 하는데, 이 중 1천만 원만 자기자본으로 부담하고 4천만 원을 제2금융권 등 신용 대출을 받은 후 그 이자를 분양대행사나 시행사가 해결해주는 방식입니다. 이것은 분양에 대한 의사결정을 더욱 쉽게 할 수 있도록 하는 방법이니 주의해야 합니다. 상황이 어떻게 변할지 모르므로 본인이 감당할 수 있는 수준의 대출만 받는 것이 바람직합니다.

◉🗺 대출은 어디서 받는 게 좋을까?

대출은 분양대행사에서 알아본 은행이나, 본인이 더 좋은 조건을 찾을 수 있으면 다른 은행에서 받아도 무방합니다. 집에서 가깝다고 집 근처 은행에 대출을 의뢰하는 경우가 있습니다. 같은 은행이더라도 주거 지역에 있는 지점보다는 지식산업센터에 입주해 있는 지점이 좋습니다. 지식산업센터에 대해 잘 모르는 은행 지점에서 신청할 경우 높은 대출이자가 나오거나 신청이 거부된 사례가 종종 있었기 때문입니다. 특히 같은 은행이라면 한 지점에서 내린 결정을 다른 지점에서 뒤집을 수 없습니다.

　　대출 시 신용등급을 체크하는데, 짧은 기간에 여러 번 신용 조회가 들어가면 신용 점수에 영향이 갈 수 있습니다. 따라서 알아보는 곳은 세 군데 이내로 하고, 유리한 금리나 조건을 제시하는 곳을 택하면 됩니다.

📍 대출 만기가 다가온다면

모든 제1금융권은 지식산업센터 구입 자금 대출 시 3년을 거치기간으로 둡니다. 대출기간이나 금리 부과 방식(고정금리, 변동금리 등)은 은행과 협의해서 정할 수 있습니다. 거치기간이 만료되면 현재 대출받고 있는 은행에서 연장을 하거나, 다른 은행으로 바꾸어 원 대출을 상환한 후 신규 대출을 받으면 됩니다.

대출 연장하기

과거에 대출을 해주었을 때보다 해당 지식산업센터의 시세 차이가 별로 없고, 해당 건물에 공실이 있으면 리스크 관리 차원에서 은행이 일부 상환을 요구할 수 있습니다. 이와 반대로 시세가 올라갔다면 일부 상환을 하지 않아도 대출 비율이 줄어들기 때문에 은행이 상환 압박을 할 이유가 없으며 자연스럽게 대출기간 연장도 가능합니다.

대출 은행 바꾸기

은행들의 대출 전략이 매번 바뀌기 때문에 어느 은행이 좋은 조건을 제시하는지 알아봐야 합니다. 예를 들어 연말이라 실적이 중요한 곳이 있을 수 있고, 전략적으로 지식산업센터 대출에 호의적인 시기가 있을 수 있습니다. 따라서 대출 만기가 도달하면 은행별로 대략적인 예상 금리를 알아보고 대출 은행을 선정해야 합니다.

임대가 안 나가면
어떻게 해야 할까?

분양을 받았는데 임대가 잘 나가지 않는 것만큼 힘든 일은 없을 것입니다. 기존에 지식산업센터가 있던 곳이라면 임대가가 어느 정도로 형성될 것인지, 수요는 얼마나 있을지 대략 가늠이 됩니다. 하지만 신규로 지식산업센터가 들어가는 곳이라면 그런 것들을 예상하기가 상당히 어렵습니다.

최근 수도권에 입주한 지식산업센터의 경우 분양 시 임대가를 평당 3만 원으로 예상했는데, 막상 입주하니 임대가가 1만 원 후반에서 2만 원 초반에 간신히 맞춰지는 경우도 종종 보였습니다. 특히 요즘은 실수요자보다는 투자자가 더 많이 분양을 받기 때문에 지식산업센터의 입주 시기가 다가오면 수백 개의 호실이 동시에 임대 물량으로 풀립니다. 비슷한 시기에 입주하는 다른 지식산업센터가 있다면 그 영향은 더 커집니다.

공실이 되면 어떤 문제가 생길까요? 예를 들어 전용면적 10평, 분양면적 20평을 평당 1천만 원에 분양받았다고 합시다. 이곳의 관리비는 분양 평당 5천 원, 월 대출금리는 2.5%라고 가정합니다.

- 80% 대출을 받았을 경우 개인 자본금 4천만 원, 대출 1억 6천만 원
- **월 이자:** 2.5%(대출이율)×1억 6천만 원 / 12개월 = 33만 3천 원
- **관리비:** 5천 원×20평 = 10만 원
- **월 소요 비용:** 이자 33만 3천 원 + 관리비 10만 원 = 43만 3천 원

임대료를 평당 4만 원이라고 하면 분양평수 20평의 월 임대료는 80만 원입니다. 두 달만 공실이 되어도 한 달 치 월세가 빠집니다. 더 큰 문제는 심리적인 압박입니다. 언제 임대가 맞춰질지 모르기 때문에 이성적인 판단이 어려워지는 시점이 올 수 있습니다. 그래서 발빠른 분들은 입주 한두 달 전부터 움직입니다. 임대 맞추기가 어려울 것으로 예상될 때 임대인이 할 수 있는 방법은 다섯 가지 정도가 있습니다.

📍 임대를 맞추는 다섯 가지 방법

공인중개 수수료 조정하기

가장 강력한 수단입니다. 분양 수수료가 매매 수수료보다 많고 임대 관련 수수료는 제일 적습니다. 따라서 공인중개사 입장에서는 손님이 왔을 때 임대보다 분양이나 매매로 돌리는 편이 이익입니다. 본인 물건에 조금 더 신경 써주기를 원한다면 수수료를 올리는 등 중개사에게 인센티브를 주는 것이 좋습니다.

주위 공인중개사무소에 물건 뿌리기

물건을 한 군데에만 내놓으면 그 부동산에서는 임차인과 임대인 양쪽에서 수수료를 받을 수 있어서 이를 선호합니다. 간혹 중개사무소에서 단독으로 하려고 해당 물건을 다른 공인중개사무소에 공유하지 않는 경우도 생기는데, 그렇게 되면 시간만 오래 걸립니다. 임대가 잘 안되면 주위 여러 부동산에 발품을 팔아야 합니다. 물건에 대한 정보(건물명, 층, 호실, 분양면적, 전용면적, 받고자 하는 금액, 선호 업종, 특징 등)를 잘 정리해 연락처를 넣어 인쇄한 후 1부씩 배포하면서 설명하면 좀 더 관심을 받을 수 있습니다. 근처 공인중개사무소뿐 아니라 본인 것보다 더 비싼 지식산업센터의 공인중개사무소에도 정보를 돌리는 것을 추천합니다. 그쪽으로 임차 물건을 구하러 왔다가 금액이 안 맞는 사람에게 보여주면 의외로 잘 나갈 수 있습니다.

지식산업센터 투자, 이것만은 조심하자

렌트프리 제시하기

월세금액 자체를 줄이기기보다는 렌트프리가 좋습니다. 이사비를 제외한 초기 비용이 들지 않기 때문에 임차인 입장에서도 선호하는 방법입니다. 또한 1~2년 후 새로 임대를 맞출 때도 직전에 계약한 월세를 바탕으로 신규 계약금액이 산정되기 때문에 월세 자체는 높은 금액으로 유지하는 것이 좋습니다.

인테리어 하기

같은 가격이면 인테리어가 된 호실이 더 빨리 나갑니다. 전용 평당 100만 원 정도 인테리어가 들어가는데 임차인 입장에서는 본인 것도 아닌데 비용을 쓰기는 어렵습니다. 임대료가 얼마 차이 나지 않는다면 기왕이면 인테리어가 잘 되어 있는 호실을 선택합니다. 공인중개사도 인테리어가 잘 된 물건은 소개하기 좋고 빨리 나가기 때문에 이런 물건에 대한 브리핑을 제일 먼저 하게 됩니다. 공인중개사가 손님을 제일 먼저 모시고 오는 것이 내 호실이 되도록 꾸민다면 공실 위험도 적고 임차료도 더 받을 수 있습니다.

'인테리어를 해주겠다'고 구두로 하는 것과 이미 깔끔하게 되어 있는 모습을 보여주는 것은 많이 다릅니다. 전용 20평 정도나 그 이하라면 인테리어를 먼저 하고 임대를 놓는 것을 추천합니다.

옆 호실이 실수요인지 투자용인지 확인하기

분양에서 입주까지 시간이 걸리기 때문에 그 사이에 기업의 사세가 확장되는 경우도 있습니다. 따라서 옆 호실이 실사용자라면 연달아 있는 호실의 사용을 원할 수도 있으니 옆 호실에서 그런 니즈가 있는지 확인해봅니다. 만일 옆 호실이 투자자라면 두 호실을 합쳐서 조금 큰 평수를 찾는 고객에게 임대를 놓을 수도 있습니다.

어떤 방법이든 한계를 짓지 말고 가능한 경우의 수를 모두 찾아보는 것이 중요합니다.

📍 복층 구조는 어떨까?

층고가 높은 호실은 개방감이 좋으며, 다락을 설치하거나 복층으로 만들어 사용할 수 있어서 인기입니다. 판매 시에는 복층으로 사용할 수 있기 때문에 면적을 2배까지 사용할 수 있다고 소개합니다. 복층은 수익률이 좋아서 선호하는 투자자가 많지만 대부분은 불법입니다. 최근 지식산업센터가 많이 생긴 하남시의 경우 2019년 한 해 동안 총 130여 건의 불법 증축을 적발했습니다. 합법적인 복층은 두 가지의 경우가 있습니다.

다락의 설치로 복층 바닥면부터 위층의 바닥면까지 1.5m 이하인 경우는 합법입니다. 그리고 지식산업센터의 용적률이 법으로 정한 용적률보다 낮은 경우가 있습니다. 이때 복층으로 연면적이 늘어 나도 법정 용적률보다 낮은 경우는 승인을 받아 합법적으로 설치할 수 있습니다. 하지만 대부분의 지식산업센터가 허용 용적률을 꽉 채 워 짓기 때문에 이에 해당되기는 어렵습니다.

복층은 아직까지 적극적으로 단속하지는 않는데, 주로 민원에 의 해 적발됩니다. 민원이 들어가면 구조물을 다 뜯어야 하고, 그러지 못할 경우 행정 처분이 있습니다. 이행강제금(일정한 기한까지 의무를 이행하지 않을 때 물리는 과태료)은 연 2회의 범위 내에서 반복해 부과 징수할 수 있습니다. 또한 건축물대장에 '위반건축물'로 표기되어 매 도가 어려워집니다. 입주한 지 10년이 된 지식산업센터도 민원이 들 어와 복층 구조물을 전부 철거한 경우가 있으니 신축이 아니라고 안 심하면 안 됩니다.

기숙사 투자
어떻게 봐야 할까?

투자자에게 기숙사는 아주 매력적인 틈새 상품입니다. 얼핏 봐서는 오피스텔과 같아 보이는데 주택 수에 들어가지 않고, 종부세가 없으며(부속토지 공시가격 합산액 80억 원 미만인 경우), 오피스텔보다 저렴합니다. 또한 지식산업센터의 근무자들이 잠재 고객이며, 50~70%까지 대출이 나와 소액 투자가 가능하고, 업무지원시설 중 하나이기 때문에 일반인도 분양이나 매매가 가능합니다.

기숙사 건설은 한동안 선풍적 인기를 끌었습니다. 과거에는 기숙사의 분양가가 지식산업센터 분양가보다 높아 사업성이 좋았기에 시행사들이 적극적으로 기숙사를 설계에 반영했습니다. 하지만 요즘 서울의 기숙사 분양은 시들합니다. 갑자기 공급이 늘어난 데다가 기숙사 분양가는 주변 오피스텔과 시세를 맞추느라 가격을 많이 올릴 수 없기 때문입니다. 서울은 분양가를 자유롭게 높일 수 있는 업무지원시설을 분양하는 것이 더 이득입니다. 그러므로 서울은 앞으로 지식산업센터에 기숙사 설계를 지양할 것으로 예상됩니다. 반면 수도권 및 택지개발지구는 아직 기숙사를 일반 지식산업센터 호실보다 비싸게 분양할 수 있으므로 계속 지을 것입니다.

입주자 입장에서 기숙사는 주차가 탁월하고 지식산업센터의 근린생활시설을 이용할 수 있다는 장점이 있습니다. 그러나 퇴근 시간 이후 건물과 주변이 을씨년스러울 수 있으며, 주거용 편의시설과 문화시설이 부족하다는 단점이 있고, 회사와 너무 가까운 곳에서 지내는 것을 꺼려하는 사람도 많습니다. 기숙사는 주변의 원룸 및 오피스텔과 경쟁이 되니 주변의 시세와 공급을 살펴보기 바랍니다.

기숙사 투자 시 유의할 점은 다음과 같습니다.

- 기숙사는 주택으로 간주될 확률이 매우 높습니다. 실제로 기숙사에 대해 재산세와 종부세가 부과되거나, 기숙사로 인해 주택 매도 시 양도세가 중과되는 사례가 나오고 있습니다.
- 임차인이 전입신고를 하지 않더라도 사실상 주거용으로 사용한다면 「소득세법」 제88조에 의해 주택 수에 들어갑니다.
- 간혹 임차인의 전입을 막는 특약을 계약서에 넣기도 하지만, 그것은 편법이

어서 법적 구속력이 없습니다. 특약이 있더라도 임차인은 언제든지 임대인에게 통보 없이 전입신고를 할 수 있습니다. 전입신고를 하면 바로 주택 수에 포함됩니다.

- 특약을 넣게 된다면 '전입을 하지 않는다.'가 아닌 '기숙사를 주거 용도로 사용하지 않는다.'가 맞습니다. 그렇게 하더라도 임차인이 주거로 이용해 기숙사가 주택 수에 들어갔다고 하면, 관련 세금 및 벌금은 임대인이 일단 부담하고, 임대인과 임차인 간의 민사소송을 통해 시비를 가려야 합니다.
- 기숙사는 일반인에게 임대가 안 됩니다. 해당 지식산업센터에 입주한 회사의 임직원만 사용 가능한 경우도 있고, 지자체에 따라 근처 산업단지 임직원을 허용하는 곳도 있는 등 지자체마다 입주자 요건에 차이가 있으니 이를 꼭 확인해봐야 합니다.

기숙사는 회사 복지 차원의 숙소로서는 안성맞춤입니다. 또한 회사에서 먹고 자면서 사무실 용도로도 사용하는 경우 최적의 공간을 제공합니다. 일반인이 매입해 임대한다면 일반임대사업자를 내야 합니다. 취득세는 4.6%이며, 부가세는 건물분에 대해서 부과되고 환급됩니다. 오피스텔처럼 엘리베이터 앞은 시끄러울 수 있으니 피하는 것이 좋으며, 한 건물에 지식산업센터와 기숙사가 같이 있는 것보다는 한 동으로 따로 있는 것이 좋습니다.

노후 대비용 상품으로
충분하다

우리나라 베이비 붐 세대는 한국전쟁 직후 출산율이 급격히 오르던 1955년부터 산아제한 정책으로 출산율이 떨어지기 시작하던 1963년까지 출생한 사람들을 말합니다. 2019년 기준 719만 명이 베이비 붐 세대로, 전체 인구 5,178만 명 대비 약 14%를 차지합니다.[2] 베이비 부머 중 가장 나이가 많은 1955년생이 만 60세가 되던 시점이 2015년으로, 이때부터 노후에 대한 관심이 점점 커졌습니다.

환갑이 넘은 A씨는 노후를 대비해 안정적인 월세 수익이 나오는 부동산 상품을 찾고 있었습니다. 가진 자산이 조금 있었으나 당시 선풍적 인기를 끌던 꼬마빌딩을 사기에는 돈이 부족했고, 아파트를 사면 안정적인 수입이 나오지 않아 상가를 보고 있었습니다. 이분을 만난 것은 2016년으로, A씨가 문정동 지식산업센터 상가를 알아보러 왔을 때입니다.

문정동 상가는 선풍적인 인기를 끌었습니다. 위례신도시가 한창 개발을 하고 있었는데 상가 가격이 평당 4천만~5천만 원 수준이었습니다. 이에 반해 문정동 지식산업센터 상가는 지하철역 바로 앞이고, 기업들이 입주한다면 잠재 고객도 충분한데, 결정적으로 상가 가격이 위례에 비해 평당 1천만~2천만 원 낮았습니다. 이런 인기를 반영하듯 문정역 테라타워 상가의 경우 평균 경쟁률이 62:1이었고 가장 경쟁이 높은 점포는 264:1을 기록했을 정도입니다.

A씨는 지식산업센터에 투자한 경험이 전혀 없는 분이었습니다. 문정동 B지식산업센터의 경우 싼 것은 평당 800만 원대이고 평균 분양가는 920만 원이었습니다. 상가에 비해 약 1/4 가격이었습니다. 저는 그분께 지식산업센터라는 것이 기업이 임차인이 되며, 규모가 큰 건물은 기업이 사업하기에 좋아서 임차가 잘된다고 설명드렸습니다. 실제로 그 근처에 가든파이브가 있는데, 다른 동은 다 비어 있지만 지식산업센터인 웍스동은 공실이 없는 상태였습니다. A씨는 가든파이브 웍스동도 방문하고 몇 번의 설명을 더 듣고는 3개 호실을 분양받았습니다. 그분은 '그래도 역하고 가깝고 송파나 잠실에서 기업이 오기 좋으니까 괜찮을 것이다.'라고 판단했다 합니다. 저는 대출이 80% 나오니 몇 개를 더 사는 것이 어떻겠냐고 조언했

연도	항목	금액(만 원)	비고
2016년	평당 분양가	950	
	호실당 면적(평)	53	
	호실당 전용면적(평)	27	
	호실당 분양가	50,702	
	호실당 계약금	5,070	
2017년 말	취득세(4.6%)	2,332	
	등기비용	152	
2018년 상반기	공실로 인한 관리비	160	평당 5천 원, 6개월
	공인중개 수수료	300	임대 중개 수수료
총 소요금액	-	53,646	
임대수입	월 270만 원	8,640	2018년 7월부터
2021년 3월	평당 매도호가	2,300	
	호실당 매도호가	122,751	
호실당 세전 수익		69,105	

지만 A씨는 은퇴 후 고정수입이 없었기 때문에 대출을 극도로 꺼렸습니다.

문정동 지식산업센터의 대부분이 2016~2017년에 입주했습니다. 이분이 산 B지식산업센터는 2017년 말 준공되었고, 주변 공급이 몰려 약 6개월 동안은 임차를 맞추지 못했습니다. 그러나 2021년 3월 기준 가격은 매도호가 기준 평당 2,300만 원으로 올랐으며 실거래가는 평당 2,200만 원이 되었습니다. 임대료는 평당 5만 원 선입니다. 3개 호실이므로 A씨가 매달 받는 임대 수익은 약 810만 원입니다. 또한 시세 차익은 호실당 6억 9천만 원입니다. 양도소득세, 재산세, 지역 건강보험료와 소득세를 감안하면 수익은 이보다 적지만 그래도 노후 생활을 안정적으로 하는 데 충분한 금액이 지식산업센터에서 나오게 되었습니다.

박 대표의 Tip

노후 대비용으로 꼬마빌딩보다 지식산업센터가 더 좋다고 생각합니다. 지식산업센터는 대출이 잘 나오고, 관리가 훨씬 용이합니다. 관리사무소에서 유지보수 업무를 하며, 아파트처럼 장기 수선충당금이 있어 건물의 큰 수리도 부담이 덜합니다. 반면에 꼬마빌딩은 그 모든 것을 본인이 관리해야 합니다. 최근 주택 규제가 강화되어 주거와 상가가 혼합된 꼬마빌딩은 다주택자로 불이익을 받을 수 있습니다. 지금은 지식산업센터 분양가가 많이 올랐지만 아직도 괜찮은 곳이 있습니다. 분양을 받거나 구축을 매입하는 것도 훌륭한 노후 대비 수단이 될 수 있으니 한번 고려해볼 것을 권해드립니다.

서울은 지식산업센터를 지을 수 있는 땅이 한정되어 있습니다. 단기간에 공급이 몰리는 시기는 있을 수 있으나 전체적으로 공급 과잉이 되기는 어렵습니다. 따라서 초보들이 접근하기에 서울은 상대적으로 안전합니다. 앞에서 다루었듯이 지식산업센터가 많은 지역은 구로구, 금천구, 성동구, 송파구, 영등포구이며 물량이 많은 곳 위주로 살펴보겠습니다.

| 5장 |

어느 지역을
봐야 할까?

구로구/금천구:
서울디지털산업단지

구로구와 금천구에 있는 지식산업센터 밀집 지역은 서울디지털산업 단지 또는 G밸리라고 합니다. 서울 내 타 지역의 지식산업센터는 지 자체가 관리하지만 서울디지털산업단지는 한국산업단지공단에서 관리합니다. 산업단지 내 지식산업센터는 입주 목적으로만 구입이 가능하며 임대 목적으로 매수할 수 없습니다. 다만 입주한 후에 부 득이한 사정이 생긴 경우에는 한국산업단지공단의 승인을 받아 임 대를 할 수도 있습니다. 서울디지털산업단지는 여러 가지 엄격한 절 차와 규정을 준수해야 하므로 매매가와 임대가가 서울의 다른 지역 보다 현저하게 낮습니다.

그림 1 ▶ 서울디지털산업단지 1, 2, 3단지

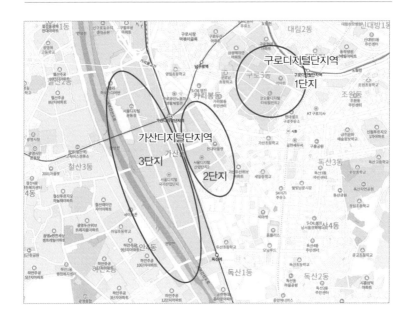

　　구로구 쪽이 1단지, 금천구 가산동이 2단지와 3단지입니다([그림 1] 참조). 전체 서울디지털산업단지는 약 60만 평의 규모이며 1단지가 약 14만 평, 2단지가 12만 평, 그리고 가장 큰 3단지가 34만 평으로 1, 2단지를 합한 것보다 3단지가 면적이 더 큽니다. 이 크기가 바로 와닿지 않을 수 있는데, 약 88만 평인 여의도의 2/3 크기이며 15만 평인 문정지구나 덕은지구가 4개 들어갈 수 있는 면적이라고 생각하면 됩니다.

📍 구로구 구로동 서울디지털산업단지 1단지

구로디지털단지역의 예전 이름이 구로공단역입니다. 이름에서 느껴지듯이 서울에서 공장의 이미지가 가장 강했던 곳이 구로동입니다. 이러한 공장의 이미지가 아파트형공장(현 지식산업센터)이 대거 들어와 번듯한 최신 건물이 등장하고, 업종 또한 제조업에서 첨단 IT 산업으로 바뀌면서 현재 디지털산업단지의 모습으로 탈바꿈하게 됩니다.

1단지는 3개의 단지 중 가장 먼저 조성되었습니다. 2000년대 초반부터 1단지에 현대식 지식산업센터가 본격적으로 지어졌으며, 2, 3단지에는 일반 공장과 제조형 아파트형공장이 많았습니다. 그 당시에는 1단지의 분양가가 2, 3단지에 비해 약 1.5~2배가량 비쌌으며 분양도 잘되었습니다.

1단지는 토지면적이 한정적이고 상대적으로 빨리 개발되다 보니 추가로 공급되는 지식산업센터 물량이 적습니다. 각 단지별로 2010년 이후에 지은 것이 1단지는 17%, 2, 3단지는 49%인 것만 보더라도 신규 물량이 매우 한정적임을 알 수 있습니다.[1]

1단지는 구로디지털단지역 앞의 대륭포스트타워 2차, 3차와 코오롱싸이언스밸리 1차, 2차가 강세입니다. 1단지에 지식산업센터가 들어갈 수 있는 마지막 토지는 해피랜드 부지인데 분양가는 평당 1,600만 원대에 형성될 것으로 보입니다. 최근 가산동의 분양가가

표 1 ▶ 서울디지털산업단지 1단지 지식산업센터(역세권 및 대지면적 상위 7개)[2]

	지식산업센터명	면적(평)		분양		입주 연도	평당 매매가[3]	입주 후 연평균 상승률(%)
		대지	연면적	연도	평당가			
1	한신IT타워	3,893	24,775	2001	350	2003	850	5.1
2	대륭포스트타워 1차	3,878	28,285	2003	450	2005	955	4.8
3	코오롱싸이언스밸리 2차	3,745	28,263	2003	480	2005	1,050	5.0
4	마리오타워	3,611	22,416	2003	450	2005	900	4.4
5	대륭포스트타워 2차	3,117	23,417	2003	450	2005	940	4.7
6	대륭포스트타워 3차	2,144	15,439	2005	460	2007	1,180	7.0
7	코오롱싸이언스밸리 1차	1,767	12,148	2003	450	2005	1,270	6.7

가격 단위: 만 원, 연평균 상승률: CAGR

평당 1,300만~1,400만 원 선이며 이렇게 보면 가산동 쪽이 1단지를 많이 쫓아왔다는 것을 알 수 있습니다.

1단지는 2호선 구로디지털단지역이 있어 서울 주요 지역으로의 접근성이 좋습니다. 또한 매매가는 정체되어 있는데 임대가는 가산 쪽보다 높게 형성되어 있고, 초기에 들어온 우량기업들이 많이 남아 있기 때문에 임대 수익률과 안정성 측면에서 좋습니다.

그림 2 ▶ 구로구 구로동 서울디지털산업단지 1단지

금천구 가산동 서울디지털산업단지 2단지

2000년대 초반만 하더라도 2단지는 사람들이 선호하는 지역이 아니었습니다. 3개의 단지 중 가장 작은 단지이고, 가리봉5거리의 고가차도로 인해 교통 체증이 엄청났습니다. 이 고가차도가 2019년에 철거되어 교통 상황은 조금 나아졌지만, 지금도 그리 좋은 편은 아닙니다. 특히 1단지와 3단지 사이에 끼어 2단지의 교통 정체가 가장 심합니다.

표 2 ▶ 서울디지털산업단지 2단지 지식산업센터(대지면적 상위 7개)⁴

	지식산업센터명	면적(평)		분양		입주 연도	평당 매매가⁵	입주 후 연평균 상승률(%)
		대지	연면적	연도	평당가			
1	현대가산퍼블릭	9,129	78,415	2020	1030	2022	–	–
2	SJ테크노빌	4,373	30,196	2003	370	2005	900	5.7
3	대륭포스트타워 6차	3,997	30,241	2008	750	2010	1000	2.6
4	에이스하이엔드 타워클래식	3,450	23,352	2017	650	2019	900	17.7
5	가산테라타워	3,396	26,087	2018	800	2020	850	6.2
6	월드메르디앙 벤처센터	2,918	19,190	2001	336	2004	820	5.1
7	대륭포스트타워 5차	2,842	23,294	2007	750	2009	880	1.3

가격 단위: 만 원, 연평균 상승률: CAGR

2단지의 가장 두드러진 특징은 큰 상업시설이 같이 있다는 점입니다([그림 3] 참조). 마리오아울렛 1관·2관·3관, 롯데아울렛, 현대아울렛, W몰 등이 2단지 면적의 10% 이상을 차지합니다. 대규모 상업시설이 같이 있음에 따라 패션과 의류 디자인에 종사하는 업체들이 2단지 지식산업센터 내에 입주했습니다. 또한 유동인구가 3개 단지 중 제일 많아 언제 방문하더라도 사람들이 북적이고 있는 것을 볼 수 있습니다.

이런 특성에 힘입어 서울디지털산업단지 내에서 기숙사가 가장

그림 3 ▶ 금천구 가산동 서울디지털산업단지 2단지

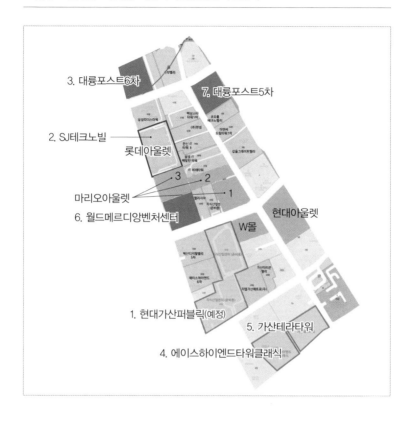

성공한 곳이 2단지입니다. 기숙사가 들어온 초창기만 하더라도 서울디지털산업단지 내 3개 단지 모두에서 분양이 잘되었습니다. 하지만 3단지의 기숙사는 서서히 열기가 사그라들어 지금도 고전하고 있습니다. 반면 2단지의 기숙사는 모두 완판이며 입주도 잘됩니다. 2020년 10월에 분양한 현대가산퍼블릭 기숙사의 경우 청약 시 경쟁률이 72:1을 보인 곳도 있습니다. 아무래도 상업시설이 가까이 있

어 입주 편의성이 높이 평가되어 인기 있는 것으로 판단됩니다.

2단지에는 서울에 몇 없는 드라이브 인 제조형 지식산업센터가 2개 있습니다. 에이스하이엔드타워클래식은 2018년, 가산 테라타워는 2020년에 입주를 했으며 드라이브 인이 가능한 호실은 희소성으로 인해 큰 인기를 끌고 있습니다.

📍 금천구 가산동 서울디지털산업단지 3단지

아직도 많은 사람이 3단지의 가산디지털단지역을 가리봉역으로 기억하고 있습니다. 전철을 타고 지나가다 보면 시커먼 굴뚝에 공장들이 즐비한 곳이 3단지였습니다. 그런 가리봉역이 지식산업센터와 역사를 같이하면서 지속적인 발전을 하게 되고, 대한민국 IT 산업의 메카가 되었습니다. 시대에 맞게 그 이름 또한 가리봉역에서 가산디지털단지역으로 바뀌었습니다. 3단지는 대한민국에서 가장 많은 지식산업센터가 모여 있는 곳입니다.

3단지는 1호선과 7호선의 더블역세권인 가산디지털단지역과 1호선 독산역 쪽으로 길쭉하게 형성되어 있으며 2단지와는 1호선 라인으로 분리되어 있습니다. 그 중간을 '수출의 다리'(산업단지 안에 있어 '수출의 다리'라고 불림)가 가로지르고 있습니다. 수출의 다리 위쪽(북측)으로는 많이 개발되었고, 아래쪽은 오래된 공장과 새로 지은 지식산업센터가 혼재되어 있습니다.

3단지는 지하철 7호선 라인에 가까운 물건이 강세를 보입니다. 7호선은 강남을 가는 라인이며, 결정적으로 이 노선은 타는 사람이 많습니다. 독산역에 가까운 지식산업센터에 근무하는 사람들도 출퇴근 시 7호선 가산디지털단지역을 사용하는 사람이 다수입니다. 독산역 쪽은 교통의 편리성이 떨어지기 때문에 상대적으로 위축되어 있습니다. 현재는 수출의다리 북쪽과 남쪽이 서로 다른 모습을 보이지만 개발이 완료되고 나면 3단지는 전체가 조화되어 하나의 모습을 보여줄 것입니다.

최근 3단지는 공급 물량이 매우 많습니다. 2020년 12월 기준 17개가 분양 중이며, 4개가 입주 중입니다([그림 4] 참조). 2022~2023년에는 3단지도 개발이 거의 완료되어 더 이상 추가로 지식산업센터를 지을 땅이 그리 많이 남지 않게 됩니다. 이 물량들이 전부 정리되고 자리가 잡히면 공급 물량은 뚜렷이 감소할 것이며 그렇게 되면 그 이후의 신규 물량들의 시세는 고공행진할 것입니다.

성수동 SKV1과 생각공장이 있는 엠코 부지가 2015년에 평당 3,300만 원에 팔렸고, 선유도역 주변 영등포 투웨니퍼스트 부지가 평당 3,300만~3,400만 원에 거래되었습니다. 영등포 SK생각공장이 들어갈 서영물류 자리는 평당 3,400만~3,500만 원에 팔렸습니다. 최근 가산동의 역세권 토지는 평당 4천만 원대입니다. 성수동 SKV1과 생각공장의 분양가가 평당 1,200만~1,300만 원, 투웨니퍼

표 3 ▶ 서울디지털산업단지 3단지 지식산업센터(대지면적 상위 7개)[6]

	지식산업센터명	면적(평)		분양		입주 연도	평당 매매가[7]	입주 후 연평균 상승률(%)
		대지	연면적	연도	평당가			
1	우림라이온스밸리	8,400	57,594	2004	450	2004	1,100	5.4
2	대성디폴리스*	6,650	48,914	2011	700	2012	810	1.6
3	롯데IT캐슬	4,983	30,242	2003	470	2005	830	3.6
4	SK트윈테크타워	4,199	22,649	2000	330	2002	640	3.5
5	에이스 하이엔드타워3차	3,662	27,091	2007	550	2009	865	3.8
6	벽산/ 경인디지털밸리2차	3,638	21,677	2001	470	2003	730	2.5
7	대륭테크노타운 8차	3,623	22,648	2002	340	2004	700	4.3

* 산업단지 외 지역이나 3단지와 접해서 포함
가격 단위: 만 원, 연평균 상승률: CAGR

스트의 분양가가 평당 1,300만~1,400만 원, 영등포 SK생각공장의 분양가가 평당 1,500만 원대를 형성하므로, 가산동에서 토지가 평당 4천만 원에 매각되면 그곳에 지어지는 지식산업센터의 분양가는 평당 1,500만~1,600만 원대일 것으로 예상합니다. 그렇게 되면 주변 지식산업센터의 가격도 갭 메우기를 하며 자연스럽게 올라갈 수 있습니다.

참고로 3단지에 바로 접해 있어 산업단지 내 기업들과 인프라를 같이 사용하지만 산업단지가 아니어서 규제는 덜한 지식산업센터가

그림 4 ▶ 금천구 가산동 서울디지털산업단지 3단지

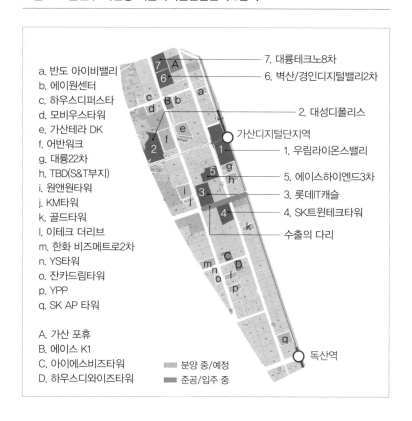

a. 반도 아이비밸리
b. 에이원센터
c. 하우스디퍼스타
d. 모비우스타워
e. 가산테라 DK
f. 어반워크
g. 대륭22차
h. TBD(S&T부지)
i. 원앤원타워
j. KM타워
k. 골드타워
l. 이테크 더리브
m. 한화 비즈메트로2차
n. YS타워
o. 잔카드림타워
p. YPP
q. SK AP 타워

A. 가산 포휴
B. 에이스 K1
C. 아이에스비즈타워
D. 하우스디와이즈타워

7. 대륭테크노8차
6. 벽산/경인디지털밸리2차
2. 대성디폴리스
가산디지털단지역
1. 우림라이온스밸리
5. 에이스하이엔드3차
3. 롯데IT캐슬
4. SK트윈테크타워
수출의 다리
독산역

▬ 분양 중/예정
▬ 준공/입주 중

4곳 있습니다. 대륭테크노타운 5, 6, 7차와 대성디폴리스입니다. 대
륭테크노 5~7차는 2002~2003년에 입주했고, 디폴리스는 2012년
에 준공했습니다. 디폴리스는 2008년 리먼 사태의 여파로 인해 지
식산업센터의 미분양이 많았던 시절에 일반인들의 투자가 가능하다
는 점을 어필해 성공적으로 분양할 수 있었습니다.

성동구 성수동
지식산업센터

지식산업센터에 입주하거나 투자하려 하는데 성수동, 문정동, 영등
포의 지식산업센터 가격이 같다면 어디를 사고 싶으신가요? 이렇게
질문하면 대부분의 사람들은 성수동을 1순위로 꼽을 것입니다. 성
수동은 대한민국 지식산업센터의 메카입니다. 기업이 가장 선호하
는 곳은 강남이며 전통적으로 기업이 많은 곳은 종로와 중구입니다.
상업의 발달로 동대문구에도 기업이 많습니다. 성수동은 이런 업무
중심지들과의 접근성이 좋기 때문에 꾸준히 수요가 있고 분양과 입
주가 잘됩니다. 과거에도 인기가 좋았지만 지금의 인기는 과거와는
차원이 다릅니다.

표 4 ▶ 성동구 성수동 지식산업센터(대지면적 상위 8개)[8]

	지식산업센터명	면적(평)		분양		입주 연도	평당 매매가[9]	입주 후 연평균 상승률(%)
		대지	연면적	연도	평당가			
1	생각공장 데시앙플렉스	2,552	21,274	2017	1226	2020	1500	22.3
2	서울숲코오롱1차	2,393	17,199	2008	800	2010	1650	6.8
3	성수SKV1센터1	2,017	16,906	2018	1240	2020	1500	21.0
4	서울숲IT밸리	1,688	14,870	2011	1000	2013	1530	5.5
5	서울숲포휴	1,609	13,797	2014	950	2016	1690	12.2
6	서울숲SKV1타워	1,567	11,645	2012	1000	2014	1600	6.9
7	성수역SKV1타워	1,509	13,128	2016	1050	2018	1700	17.4
8	성수역 현대테라스타워	1,446	13,779	2017	1000	2019	1600	26.5

가격 단위: 만 원, 연평균 상승률: CAGR

성수동은 문화적으로 특별한 지역입니다. 기존 건물과 신축이 어울리는 세련된 디자인과 함께 역동적이고 젊음과 에너지가 느껴지는 곳으로 탈바꿈했습니다. 영등포도 문래 창작촌처럼 테마를 가지고 거리를 조성했지만 성수동과는 비교가 되지 않습니다. 예전에는 벤처기업이라고 하면 흔히 테헤란로를 떠올렸습니다. 이와 유사하게 현재 IT 기업이나 스타트업, 세상을 앞서나가는 기술을 가진 기업들이 선호하는 곳이 성수동입니다. 젊은 사람들이 많이 모이고 유연하게 일하며 자유롭게 창업도 하는 이런 기업들이 성수동에 활성

그림 5 ▶ 성동구 성수동 지식산업센터

화되었고, 그런 모습이 외부에 잘 연출되었습니다. 따라서 이곳의 지식산업센터의 선호도도 크게 올라갔습니다. 예전에는 접근성만으로 성수동을 선택했다면 이제는 이런 독특한 분위기와 문화가 선택에 큰 역할을 합니다. 2호선 라인에 있다는 것도 큰 장점입니다. 서울 어디서나 접근이 가능하며, 임직원의 출퇴근이 용이해 인력 수급이 좋습니다.

성수동 토지는 평당 6천만 원대의 매물은 이제 없고 매도호가는 평당 7천만 원에서 1억 원입니다. 준공업지역이지만 작은 공장과 주거가 혼재되어 있어 큰 평수의 땅은 이제 없습니다. 토지가 평당 1억 원이면 분양가는 평당 2천만 원을 훌쩍 넘길 것입니다. 임대 수익률은 떨어지지만 시세 차익을 노리는 투자자들과 실입주 기업들의 성수동 선호 현상은 계속될 것으로 예상됩니다.

성수동은 다양한 매력이 많은 곳이지만 큰 규모의 지식산업센터 건물이 없는 것이 단점입니다. 연면적이 2만 평을 넘어가는 것이 거의 없으며, 앞으로 남아 있는 토지가 개발된다고 하더라도 큰 지식산업센터가 들어올 가능성은 극히 적습니다. 또한 성수동 자체와 주변의 주거지역이 활발하게 개발되고 있어서 토지가는 계속 상승이 예상되며, 이에 비례해 분양가 및 매매가도 한동안 상승할 것으로 보입니다.

송파구 문정지구 지식산업센터

지식산업센터 투자 열풍의 중심에는 문정동이 있습니다. 이곳에서 지식산업센터 시행사와 초기 투자자들이 큰 이익을 보았고, 그것을 본 일반 투자자들이 지식산업센터에 관심을 갖기 시작했습니다. 하지만 처음 시작은 굉장히 어려운 지역이었습니다. 문정 도시개발지구는 택지 개발을 하면서 필지를 만 평씩 쪼개 분양했습니다. 당시는 2008년 리먼 사태 이후 발생한 미분양 물건들의 정리가 마무리되던 시점이었습니다. 따라서 지식산업센터의 분양이 담보되지 못해 시행사들이 적극적으로 참여하려 하지 않았습니다.

시행사의 참여를 독려하기 위해 SH(서울주택공사)는 만 평 단위

표 5 ▶ 문정지구 지식산업센터(대지면적 상위 7개)[10]

	지식산업센터명	면적(평)		분양		입주 연도	평당 매매가[11]	입주 후 연평균 상승률(%)
		대지	연면적	연도	평당가			
1	H비지니스파크	5,360	49,661	2014	870	2017	1,510	14.8
2	현대지식산업센터	5,344	49,916	2013	890	2016	1,250	7.0
3	문정역 테라타워	5,236	52,256	2014	900	2016	1,900	16.1
4	송파테라타워2	4,514	43,478	2014	910	2017	1,600	11.9
5	SKV1 GL메트로시티	4,443	45,470	2015	920	2017	2,000	21.4
6	가든파이브웍스	4,040	36,160	2008	480	2009	770	4.0
7	문정 대명벨리온	1,966	17,805	2014	880	2016	1,800	15.4

가격 단위: 만 원, 연평균 상승률: CAGR

필지들을 5천 평으로 분할했으며, 바이백(buy-back) 조건을 걸었습니다. 즉 계약금의 5%만 내고 사업성을 검토한 후 사업성이 나지 않을 경우 계약금을 돌려주는 조건이었습니다. 이런 파격적인 조건 덕에 사업을 시작한 것이 2015년입니다.

문정역이 바로 앞에 있고, 강남이 가까워 강남의 배후 수요가 오기 좋았다는 것, 또 63빌딩 7개 규모의 대규모 지식산업센터 단지가 조성된다는 것 등 호재가 많았지만 사람들 머릿속에는 이런 것들이 잘 그려지지 않았습니다. 문정지구는 구로와 가산에 입주해 지식산업센터가 무엇인지 경험해본 기업체 대표들이 많이 투자했습니다.

그림 6 ▶ 문정지구 지식산업센터(대지면적 상위 7개)

4. 송파테라타워2
5. SKV1 GL메트로시티
7. 대명벨리온
1. H비지니스파크
○ 문정역
엠스테이트
유수지
법무부 부속시설
법원/등기소
검찰청
구치소/보호관찰소
2. 현대지식산업센터
근린공원
검찰기동대
3. 문정역 테라타워

*6. 가든파이브웍스는 지리적으로 떨어져 생략

결국 건물이 올라가고 주변에 법조단지, 법원, 오피스텔들이 들어서면서 지식산업센터 일대의 느낌이 완전히 달라지고 나서야 사람들은 위치상으로나 건물의 규모 등을 봤을 때 문정이 강남의 대체재 역할을 충분히 할 수 있다고 판단했습니다. 그렇게 폭발적으로 수요가 늘었습니다. 분양 당시는 평당 분양가가 800만~900만 원대였는데 4~5년 만에 평당 1,800~2,100만 원을 넘겼습니다.

2015년 평당 800만~900만 원 분양가는 전국 최고가였습니다.

당시 지식산업센터의 호실이 대부분 40평대였는데, 분양가가 높은데 호실도 크면 전체 매매가가 높아져 쉽게 분양하기 어려웠습니다. 따라서 지식산업센터의 호실이 20~30평대로 소형화되기 시작했습니다. 그래도 분양가가 높았기 때문에 이를 타개하기 위해 나왔던 것이 문정동 SKV1 GL메트로시티 B동의 전용 10평짜리 지식산업센터로, 전국 최초였습니다. 지금도 문정지구 내 전용 10평짜리 소형 지식산업센터는 이곳이 유일하며 그렇기에 희소성이 있습니다.

문정지구는 지식산업센터에 투자하려는 사람들에게 좋은 교재가 될 수 있습니다. 이렇게 과거를 공부하면서 변화된 모습을 그려 낼 수 있는 눈을 키우는 것이 투자를 잘할 수 있는 큰 무기가 되기 때문입니다.

영등포구
지식산업센터

최근 서울 지자체 중 지식산업센터로 가장 강세를 보이는 지역은 영등포구입니다. 서울 준공업지역 중 가장 넓은 면적(전체의 25%)이 영등포에 있습니다. 그럼에도 불구하고 오래된 작은 공장들이 난립해 있고, 중간에 주거도 혼재되어 있어 대형 토지의 확보가 어려운 곳 중 하나입니다. 영등포가 구도심이고 난개발이다 보니 영등포구청에서는 웬만한 구역은 다 지구단위로 묶어놓았습니다. 따라서 토지를 개발할 때 허가가 잘 나지 않습니다. 그런 이유로 영등포의 지식산업센터 공급은 다른 지자체에 비해 현저히 적습니다.

표 6 ▶ 영등포구 지식산업센터(대지면적 상위 7개)[12]

	지식산업센터명	면적(평)		분양		입주 연도	평당 매매가[13]	입주 후 연평균 상승률(%)
		대지	연면적	연도	평당가			
1	에이스 하이테크시티	9,048	59,485	2005	570	2007	1,300	6.1
2	당산 SKV1센터	3,875	30,192	2012	760	2015	1,600	13.2
3	KnK디지털타워	3,089	21,062	2010	690	2013	1,330	8.5
4	에이스 하이테크시티2	2,433	19,121	2012	640	2014	1,000	6.6
5	이앤씨드림타워	2,398	15,818	2004	580	2006	1,400	6.1
6	우림e-비즈센터2	2,282	14,739	2001	365	2003	1,000	5.8
7	문래 SKV1	2,281	18,285	2017	805	2019	1,200	22.1

가격 단위: 만 원, 연평균 상승률: CAGR

한국산업관리공단에 따르면 2020년 11월 말 기준 영등포에서 입주 가능한 지식산업센터는 27개입니다. 준공업지역 면적은 성동구보다 2.4배 더 크지만 지식산업센터의 수는 반이 조금 넘습니다. 또한 추가로 지을 수 있는 대형 토지도 거의 없습니다.

건축 중인 지식산업센터는 2020년 초에 분양한 서영물류 부지의 SK생각공장(대지 약 3,900평, 연면적 3만 평)과 영등포구청 쪽 리드원(대지 약 1,200평, 연면적 약 1만 평)이 있습니다. 2020년 말과 2021년 분양을 앞둔 곳은 총 5곳입니다. 2020년 말 기준 진행 상황은 다음과 같습니다.

그림 7 ▶ 영등포구 지식산업센터(대지면적 상위 7개)

- **문래동 에이스NS타워:** 대지 약 1,100평, 연면적 약 1만 평. 입주의향서 받는 중

- **당산역 이화산업 부지:** 대지 약 2천 평. 2021년 초중반 분양 예상. 주변 주거지역과 갈등

- **반도아이비밸리:** 대지 약 1,900평, 연면적 약 1만 2천 평. 2021년 상반기 분양 예정. 영등포시장역 부근

- **KLK유원시티:** 대지 약 638평, 연면적 약 4,300평. 입주의향서 접수 중

- **자이지식산업센터:** 대지 약 481평, 연면적 약 3,400평. 영등포구청역 주변. 입주의향서 접수 중

　이것 이외에 남아 있는 대형 토지는 대선제분 부지가 있는데 영등포의 마지막 대형 토지이지만 설왕설래만 되는 수준입니다.

　영등포는 기존 산업의 중심지여서 자체적으로 보유한 중소기업이 많이 있으며, 여의도와 마포에 가깝기 때문에 기업체의 수요는 충분합니다. 또한 2호선, 5호선, 9호선이 지나가므로 교통이 좋습니다. 따라서 지식산업센터가 들어와도 입주 물량을 채우는 데 오랜 시간이 걸리지 않는다는 장점이 있습니다. 영등포는 앞으로도 나올 수 있는 물량이 많지 않기 때문에 안정적인 임대사업을 유지할 수 있을 것입니다.

수도권 지식산업센터 밀집 지역

수도권 지식산업센터 성패의 핵심 요소는 서울과의 접근성입니다. 그중에서도 특히 기업체가 많은 강남과의 접근성이 좋으면 좋을수록 지식산업센터도 주목을 받았고 성공했습니다. 서울을 중심으로 수도권을 동서남북으로 나눈다면 동쪽은 하남 미사, 남쪽은 안양, 안산, 수원, 성남, 용인 등이 있으며 서쪽은 인천, 부천, 시흥 등이 있습니다. 북쪽은 상대적으로 지식산업센터가 많지 않습니다([그림 8] 참조).

그림 8 ▶ 수도권 지식산업센터 밀집 지역

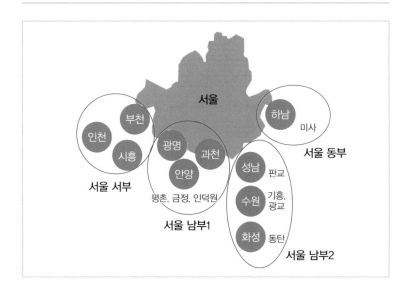

📍 서울 남쪽 1: 안양, 과천, 광명

안양

서울이 아닌 지역 중 가장 인기가 있었던 지역은 안양의 인덕원과 평촌 지역입니다. 지하철 4호선 라인을 통해 강남과의 접근성이 좋은 편이고, 저렴하게 양질의 인력을 확보할 수 있기 때문에 기업체들이 선호합니다. 따라서 안정적으로 지식산업센터가 분양되고, 임대가도 수도권의 다른 지역보다 높게 형성되어 있습니다.

최근에는 금정역 주변이 많이 회자되고 있는데 여기는 평촌, 인덕원 쪽과는 분위기가 다릅니다. GTX-C 노선도 확정되었고, 금정역 앞을 전체적으로 개발하면 달라지겠지만, 금정역 주변은 과거에 지식산업센터 분양이 고전했던 지역입니다. 금정역에서 1호선을 따라 안양 라인이 있는 곳까지를 보면 그 사이에 있던 지식산업센터들은 입주를 맞추기가 전부 어려웠습니다. 평촌, 인덕원과 금정을 비교하면 거리상으로는 지하철 2~3정거장밖에 차이가 나지 않지만 평촌과 인덕원이 강세인 데 반해 아무래도 금정역 쪽은 약세입니다.

과천

과천은 서울과 딱 붙어 있기 때문에 큰 인기를 끌었습니다. 더군다나 과천의 지식산업센터는 분양하고 있는 입지들이 많지 않습니다. 과천지식정보타운의 경우 과천시 갈현동과 문원동 일대 총 41만 평에 들어서는 공공택지지구로, 지식산업센터가 들어갈 수 있는 것은 2개 용지입니다(3블록, 8블록). 8블록의 대림디테크타워는 6,500평 대지에 연면적 4만 7천 평 정도인데 2020년 중순 성황리에 분양을 마쳤습니다. 3블록 과천 상상자이타워도 2021년 초 분양을 완료했습니다.

광명

광명에는 지식산업센터가 세 군데에 있습니다. 가장 먼저 개발된 것은 기아자동차 소하리 공장 옆에 있는 택지개발지구입니다. 광명 SK테크노파크가 2010년에, 에이스광명타워가 2011년에 입주했습니다. 당시 리먼 사태의 여파가 남아 있었고 지하철역과는 거리가 있어 분양은 굉장히 어려웠습니다. 분양 시 강남순환고속도로는 이야기만 있었는데, 2016년 서초구까지 1차 구간이 연결되어 서울과의 접근성이 획기적으로 개선되었습니다. 또한 수원광명고속도로에 인접해 있어 물류가 많은 업체들이 선호하는 입지 중 하나입니다. 광명 SK테크노파크 옆으로 광명 G타워가 2022년 입주를 목표로 건설되고 있습니다.

광명역 주변에는 광명역 GIDC, 광명역 자이타워 및 M클러스터가 있습니다. 광명역의 GTX와 신안산선, 월곶-판교선 등의 교통 호재도 호재였지만 주변에 큰 상권까지 형성되어 있어 분양 시 인기를 끌었고 결국 한 번에 완판되었습니다. 이 지역은 교통이 좋기 때문에 투자자뿐 아니라 지방과의 왕래가 많은 기업들도 분양을 받았습니다. 그러나 입주 물량은 한 번에 몰리기 때문에 한동안의 공실은 있을 것으로 예상됩니다.

최근에는 광명시 하안동 우체국 사거리에서 광명테라타워가 건설 중입니다. 여기는 분양가가 공급 평당 800만~900만 원으로 서울과의 접근성이 좋으며 드라이브 인 호실이 인기 있습니다. 광명테라타워는 상업용지인 자동차 경매장 부지에 세워지는데 이 점을 눈여겨봐야 합니다. 이전까지 대부분의 지식산업센터는 공업지역, 준공업지역 및 택지개발지구 내 도시지원시설 용지나 자족 용지에 건설되었습니다. 지식산업센터의 분양가가 평당 500만~700만 원대라면 상업 용지에는 상가건물을 지어 분양하는 것이 훨씬 이득입니다. 하지만 상업용 건물은 고층부의 분양가가 매우 싸기 때문에 지식산업센터의 분양가가 어느 정도 받쳐준다면 비싼 상업 용지라도 지식산업센터를 넣어 수익을 볼 수 있습니다. 그러면 시행사로서는 선택의 폭이 넓어지며, 이것이 지식산업센터 시장 변동의 신호탄이 될 수도 있습니다.

📍 서울 남쪽 2: 경부선 라인 중심

판교는 강남 접근성이 탁월합니다. 하지만 판교 테크노밸리 안에는 지식산업센터가 거의 없습니다. 구매를 할 수 있다면 좋은 상품이겠으나 판교 테크노밸리 입주를 희망하는 업체가 많아 구매가 어렵습니다.

이에 대한 대안으로 동천 유타워가 인기를 끌었습니다. 위치가 떨어져 있어서 초기에는 분양이 쉽지 않았던 현장임에도 불구하고 판교에서 밀려온 수요들이 들어와 동천의 임대 물량이 전부 해결되었습니다. 동천까지도 물량이 없다 보니 그 밑으로 수요가 퍼졌습니다. 판교와 강남의 수요가 퍼지면서 광교의 임대와 실입주가 생각보다 좋은 흐름을 보이고 있습니다.

광교와 기흥은 지리적으로 큰 차이가 나지 않습니다. 그런데 광교부터 강남은 신분당선으로 40분 안에 갈 수 있는 반면, 기흥에서 강남은 한 번 갈아타야 하는 등 교통의 편리성이 떨어지다 보니 기흥 쪽은 분양의 어려움을 겪었습니다.

기흥에서 조금 내려가면 동탄입니다. 경부선상에 있고 여기서 강남까지 멀지 않아서 동탄도 괜찮다고 선택하는 분들이 많습니다. 하지만 동탄은 주변의 기업체 저변이 아직까지 크지 않습니다. 또한 거리상 서울에 있는 기업체가 동탄까지 움직이기에는 제한이 있습니다. 따라서 생각보다 입주가 더디고 공급도 많습니다. 공급의 급증으로 인해 임대가가 낮게 형성되어 주변에 있는 오피스 시장을 흡수해서 입주를 채우고 있습니다.

📍 서울 동쪽: 하남 미사

하남 미사에는 최근에 많은 지식산업센터가 분양·입주하고 있습니다. 그중 특징적인 것은 드라이브 인 시스템으로 지은 하남 U1입니다. 하남 IC에서 가깝고 고속도로 주변이다 보니 제조형 회사 및 유통이 많은 회사가 사용하기에 매우 좋습니다. 그래서 분양과 입주가 잘 마무리되었습니다. 2019년 입주했는데 2년이 채 되지 않았지만 좋은 층과 호실의 경우 분양가가 시세 대비 40% 이상 상승했습니다.

반면 하남 U1 이후 지은 지식산업센터는 거의 대부분 사무실 형태로 지어졌으며 분양 및 입주에 고전을 면치 못했습니다. 하지만 2020년 8월 5호선 미사역과 하남풍산역이 개통해 풍산역 주변 역세권은 기업의 선택을 받고 있습니다.

📍 서울 서쪽: 인천, 부천, 시흥

인천, 부천, 시흥과 그 주변은 전통적으로 제조업 기반의 기업들이 많이 있어서 제조형으로 크게 지은 지식산업센터는 입주가 잘되는 편입니다. 그러나 제조업의 수익률이 대부분 한정되어 있기 때문에 분양가를 높게 가져갈 경우 들어올 수 있는 업체들이 적습니다. 결국 서울 서쪽 지역은 분양가가 높게 올라가지 못하며 매매가격도 올라가는 데 한계가 있습니다.

이 지역은 지하철 7호선과 1호선이 지나는데, 강남으로 갈 수 있는 7호선 라인의 분양 및 임대가 더 괜찮습니다.

신규 지식산업센터가 들어갈 곳: 택지개발지구

앞에서 언급한 바와 같이 서울은 지식산업센터가 들어갈 수 있는 토지가 매우 한정적입니다. 경기도의 기존 준공업지역 및 공업지역에도 지을 수 있지만 그 지역에는 이미 공장이 다수 있어 변별력이 없기 때문에 지식산업센터를 잘 지으려고 하지 않습니다. 따라서 지식산업센터를 개발하는 입장에서 최선의 선택지는 택지개발지구라고 할 수 있습니다.

택지개발지구는 부지를 싹 밀어놓고 주거시설, 상업시설, 기반시설 등의 판을 다시 짭니다. 이로 인해 대규모의 토지를 얼마든지 공급할 수 있습니다. 택지개발지구 토지 중에는 도시지원시설 용지와

그림 9 ▶ 서울 및 서울 근교 택지개발지구[14]

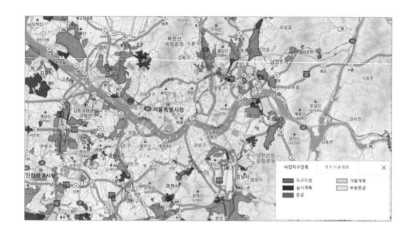

자족 용지에 지식산업센터를 지을 수 있습니다. 이렇게 지어진 대표적인 곳이 2기 신도시인 동탄, 하남/미사, 다산 등입니다.

　서울에서 가까운 택지개발지구 중에 서울 업무지구 중심지와의 접근성이 좋으면서 기업이 선호할 만한 곳, 그리고 지식산업센터가 들어갈 용지 비율이 적은 것을 선택한다면 미래의 기회를 선점할 수 있을 것입니다.

　이런 택지개발 정보는 이미 공개되어 있습니다. 택지정보 지도 서비스(map.jigu.go.kr)에 접속하면 개발된 곳, 계획 중 및 개발 완료된 곳을 모두 볼 수 있습니다([그림 9] 참조). 예를 들어 최근에 분양한 과천의 지식정보타운을 보면 필요한 자료들이 파일로 수록되어 있으며 한눈에 볼 수 있도록 깔끔하게 정리되어 있습니다([그림 10]

그림 10 ▶ 택지개발 정보 예시(과천 지식정보타운)[15]

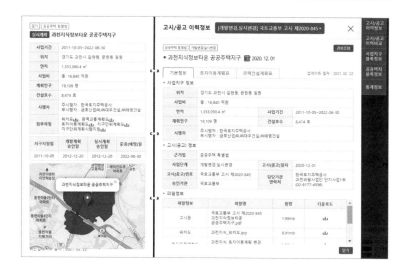

참조). 서울과 가까운 곳을 모니터링하다가 관심 있는 지역의 분양에 참여할 것을 추천합니다.

직장에 다닌다면 쉽게
레버리지를 이용할 수 있다

세미나를 하거나 상담을 하다 보면 예전과는 다르게 젊은 30대 투자자들을 많이 봅니다. 주위에 부동산으로 부자가 된 사람들은 많이 봤고 부동산 투자를 해보고는 싶은데, 모아놓은 시드 머니가 적어 투자할 곳이 마땅치 않은 분들이 대부분입니다. 이분들이 정보력을 동원해 틈새로 찾은 것 중 하나가 지식산업센터입니다. 그래서 이 시장에서 젊은 투자자의 비중이 점점 커지고 있습니다.

여기에 속하는 분들은 주로 직장인이고 2천만 원에서 5천만 원 정도의 투자금액을 가지고 있습니다. 쓸 수 있는 투자금액이 적기 때문에 자기자본이 많이 안 들어가는 것을 최우선순위로 삼습니다.

또한 직장인이라 신용등급이 높으며, 대출이 잘 나오고 대출이율도 낮게 설정된다는 이점을 살려 레버리지를 최대한 이용한 투자를 하는 특징이 있습니다. 나아가 자기자본금이 적다 보니 서울보다 저렴한 수도권 투자도 적극적으로 고려합니다.

직장인 A씨는 2천만 원으로 투자할 곳을 알아보던 중이었습니다. 평소 경기도에서 서울로 출퇴근했기에 지하철의 파급 효과를 잘 알고 있었습니다. 처음에는 우리나라 대표 기업인 삼성전자에 주목했습니다. 삼성전자 공장이 있는 수원 영통구와 그 주변 지식산업센터들을 알아봤는데, 의외로 일부 공실이 있는 등 예상과는 달라서 선뜻 투자하기가 쉽지 않았습니다.

A씨가 그다음으로 주목한 곳이 판교입니다. 여기는 IT 업체와 생명공학 업체들이 입주해 있는데 직접 가서 보니 지식산업센터가 거의 없었습니다. 그래서 판교와 접근 가능한 곳을 훑어나갔고, 신분당선 라인을 따라 동천과 광교를 선택했습니다. 거리상으로는 동탄, 기흥도 가까웠지만 지하철로 이동이 오래 걸려 이왕이면 신분당선을 이용할 수 있는 곳이 좋을 것 같았습니다.

동천 유타워는 2016년에 준공된 건물로 신분당선을 이용하면 판교에서 불과 세 정거장입니다. 판교에 들어가고 싶으나 자리가 없어 입주를 못 한 업체들이 이곳으로 들어와 매물이 별로 없었습니다. 동천에서 신분당선으로 세 정거장 거리에 상현역이 있는데 이때 그 근처 우미뉴브 분양 소식을 들었습니다. 우미뉴브는 상현역에서

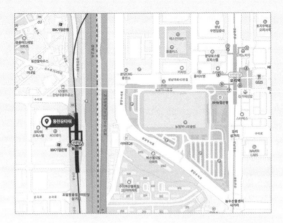

동천 유타워 위치

광교 우미뉴브 위치
출처: 네이버지도

도보 10분 거리이며 분양가는 평당 650만 원 전후였습니다. 소형
호실(분양 24평, 전용 12평) 분양가는 세금을 제외하고 1억 5천만 원
이 조금 안 되었습니다. 계약금은 10%만 넣으면 되므로 가진 자본
내에서 처리 가능했습니다.

문제는 2019년 말이었습니다. 우미뉴브에 거의 600개 호실이 있었기 때문에 한꺼번에 임대 호실이 풀리면서 임대를 맞추기가 어려웠습니다. 이런 분위기로 중간에 등기를 이전하지 않고 손해 보고 파는 사람도 있었습니다. A씨는 직장인이라 대출이 85%까지 나왔고 대출이자도 저렴하게 받았습니다. 계산을 해보니 공실로 인한 관리비와 대출이자는 한동안 월급에서 처리하며 버틸 수 있을 것 같았습니다. 그래서 그냥 보유하기로 마음먹었습니다.

2021년 3월 기준 이곳은 임대와 매매 모두 매물이 거의 없습니다. 2020년 말 실거래가는 평당 1,070만 원을 찍었으며 매도호가는 평당 1,200만 원선입니다.

박 대표의 Tip

직장인은 신용등급이 높기 때문에 대출이 잘 나와서 투자하기 좋습니다. 주거용 대출은 많이 막혔으므로 레버리지 측면에서 지식산업센터를 고려하는 것은 수익률을 높이는 효과적인 전략이 될 수 있습니다.

지식산업센터를 임대하고 나면 막상 손에 들어오는 수익은 예상보다 적은 경우가 있습니다. 이는 수익률을 계산할 때 직접적으로 나가는 비용 외에 세금과 의무적으로 납부해야 하는 건강보험료, 국민연금 등 기타경비를 고려하지 않았기 때문입니다. 이 장에서는 취득, 보유, 매도 시 발생하는 세금과 기타 비용을 짚어보아 투자를 결정할 때 좀 더 현실적인 수익 계산이 가능하도록 했습니다. 또한 전반적인 흐름을 이해할 수 있도록 지식산업센터 투자 절차도 살펴보겠습니다.

| 6장 |

지식산업센터
투자 절차와 세금

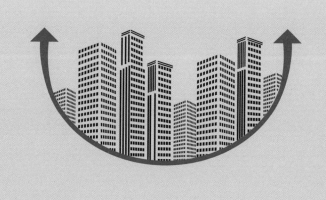

분양부터 입주,
임대, 양도까지

지식산업센터를 분양받아 임대하기까지는 상황별로 여러 단계를 거칩니다([그림 1] 참조). 분양받은 모든 기업이 거치는 절차가 있고, 산업단지 내에 위치한 지식산업센터를 분양받았을 때만 추가되는 절차가 있습니다. 일반 매매는 대부분 [그림 1]의 절차를 따릅니다. 매매가 분양과 다른 점은 ① 입주의향서 접수 및 청약이 없으며, ③ 분양 계약 대신 매매 계약을 하는 것입니다.

분양부터 임대까지의 절차를 자세히 짚어보겠습니다.

그림 1 ▸ 분양 후 임대까지의 절차

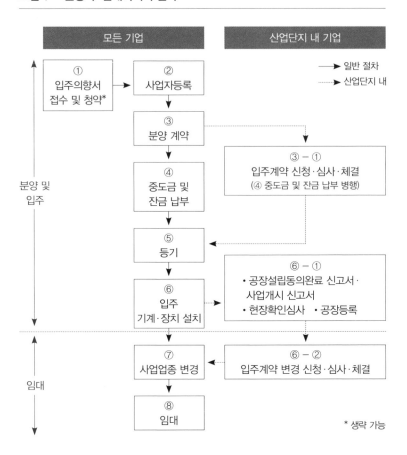

📍 분양 및 입주

① 입주의향서 접수 및 청약

입주의향서는 말 그대로 "나는 이 지식산업센터를 분양하면 입주할 의사가 있다."라고 알리는 서류입니다. 몇 층에 어느 호실을 원하고, 공장(지식산업센터)·근린생활시설·업무지원시설 중 어느 것을 원하는지, 어떤 업종의 사업을 할 것인지에 대한 정보를 제출합니다. 입주의향서를 받아 청약 및 정식 계약으로 가는 경우도 있고, 이것과 별개로 단순히 수요가 어느 정도 있는지 알아보는 수준에서 끝나는 경우도 있습니다. 입주의향서는 필수는 아니며 생략하는 현장도 많습니다. 입주의향서로 분양을 확정하는 법적 규제는 없으며, 전체적인 분양의 흐름을 판단하기 위한 용도로 더 많이 사용됩니다.

청약은 "어느 호실을 분양받고 싶다."라는 의사를 표현하는 것입니다. 건축허가가 날 때쯤 진행하며, 실질적으로 일정 금액의 청약금이 들어가기도 합니다. 동일한 호실에 다수의 수요가 몰리면 전체 청약 면적이 큰 고객에게 우선 배정합니다. 그래서 인기가 많은 곳이라면 여러 개의 호실을 청약하는 것이 유리합니다. 청약 면적이 같다면 청약금이 들어간 순서대로 기회를 주는 것이 일반적입니다. 청약을 했다고 반드시 계약을 해야 하는 것은 아니며, 청약 의사를 철회하면 청약금은 돌려줍니다. 청약 단계는 각 분양 현장별로 하는 곳도 있고 생략하는 곳도 있습니다.

입주의향서 작성 및 청약은 대부분 개인 자격으로는 못 하고 개인사업자 또는 법인사업자를 요구합니다. 따라서 ② 사업자등록을 먼저 해야 할 수도 있습니다.

② 사업자등록

지식산업센터를 분양·매수·임대하는 경우는 반드시 개인사업자나 법인사업자가 있어야 합니다. 지식산업센터는 기업이 분양받는 부동산이기 때문입니다. 한 지식산업센터 건물 안에 여러 개 호실을 보유하는 경우는 하나의 사업자등록을 하거나 호실별로 각각 사업자등록을 내도 됩니다. 여러 곳의 지식산업센터를 보유했다면 각 지식산업센터별로 사업자를 등록합니다.

지식산업센터를 분양받을 때는 사업자등록증상의 업종이 입주에 적합한 것이어야 합니다. 업무지원시설이나 근린생활시설을 분양받는 경우가 아니라면 부동산 임대업으로는 분양을 받지 못합니다. 사업자등록은 직접 인근 세무서를 방문하거나, 국세청 홈택스(www.hometax.go.kr)에서 신청합니다(부록 4 참조).

사업자등록과 지식산업센터 분양 계약을 동시에 추진한다면 먼저 분양 계약을 하고, 그 주소로 사업자등록을 하는 것이 편리합니다. 사업자등록이 된 상태라면 분양 계약을 한 후, 사업장 주소 변경을 합니다.

③ 분양 계약

계약금은 분양가의 10%이며, 건물분과 토지분이 있습니다. 건물분에 대해서는 10% 부가가치세를 내며, 납부 후 조기 환급을 신청할 수 있습니다.

③-① 입주계약 신청·심사·체결(한국산업단지공단 내 지식산업센터만 해당) 절차를 구체적으로 살펴보겠습니다. 한국산업단지공단을 방문해 입주계약 신청서를 접수합니다. 필요 서류는 입주계약 신청서, 사업자등록증 사본, 법인의 경우 법인 등기부등본(발급용, 말소사항 포함), 사업계획서, 인감증명서입니다. 준공된 건물을 계약했다면 건물 등기부등본(발급용, 말소사항 포함)과 집합건축물대장 전유부가 추가됩니다. 이와 더불어 분양계약서(분양), 매매계약서(매매), 임대계약서(임대) 또는 경락증명서(경매)를 제출합니다.

신청서를 접수하면 한국산업단지공단은 이 기업체의 업종이 입주하기 적합한지 확인하며 사업계획서를 검토합니다. 이때 한 번에 통과하지 못하고 여러 차례 보강 작업이 필요할 수 있습니다. 심사가 완료되면 승인되었다는 메시지를 받습니다. 한국산업단지공단을 방문해 입주계약서를 받습니다. 입주계약서는 2부를 만들어 한국산업단지공단과 수분양자(분양받는 사람)가 각각 1부씩 보관합니다.

④ 중도금 및 잔금 납부

중도금 및 잔금을 계약서에 명시된 시점에 납부합니다. 이때 건물분에 대해 10%의 부가가치세가 붙으며 납부 후 조기 환급이 가능합니다. 잔금 납부 후 등기 시 취득세를 납부하며, 취득세는 법인인 경우 분양가의 2.3%에서 9.4%까지, 개인사업자의 경우 분양가의 2.3%에서 4.6% 사이 금액입니다('취득 단계에서의 세금' 참고).

⑤ 등기

잔금이 완료되면 등기소에서 등기합니다. 분양계약서 원본, 사업자등록증 사본, 도장(법인인 경우 법인도장)이 필요합니다.

⑥ 입주

입주 후 제조기업은 설비와 장치를 설치하며, 비제조기업은 사무시설을 갖춥니다.

⑥-① 신청서 제출, 현장 심사 및 등록(산업공단 내 지식산업센터만 해당)의 경우, 어느 정도 사업을 영위해 사업계획서대로 매출이 일어나고 인력 채용도 해서 회사 운영을 하면 제조업은 공장설립동의 요청신청서를, 비제조업은 사업개시 신청서를 제출합니다.

한국산업단지공단에서 현장에 나와 실제 사업계획서대로 사업을 하고 있는지 조사합니다. 사무실 또는 공장이 적절하게 설비·시설을 갖추고 인력을 고용했는지를 보며 인터뷰를 수행합니다. 사업을 했다는 것을 증명해야 하므로, 입주 시 등록한 업종에 대한 매출기록이 반드시 있어야 합니다. 사업 증빙에는 매출 증빙 서류, 직원들 월급 명세서와 관리비 납입 영수증 등이 필요합니다. 심사가 통과되면 한국산업단지공단에 공장 등록이 완료됩니다.

📍 임대

⑥-② 입주 계약 변경은 산업단지 내 지식산업센터만 해당됩니다. 산업단지 내 지식산업센터를 분양 또는 매수했으나 피치 못할 사정으로 인해 계획대로 사업을 하지 못하고 부득이하게 임대를 해야 하는 경우가 있습니다. 이 경우 입주계약 변경 신고서를 작성하며, 검토 후 변경계약이 체결됩니다.

일반적으로 인정되는 사유는 경영이 악화되었거나, 반대로 사업이 잘되어 공간이 부족해 다른 곳으로 이전하는 것 등이 있습니다. 임대업으로의 전환은 사업개시신고를 한 이후에만 가능합니다. 임대 신고를 하지 않고 임대사업을 하는 경우 500만 원 이하의 벌금에 처해집니다.[1]

⑦ 사업업종 변경
사업자등록증의 사업 업종에 임대업을 추가합니다.

⑧ 임대
임차할 기업을 구하고, 임대차 계약을 맺습니다.

🗺 양도 절차

산업단지 외 지역은 주택을 파는 것처럼 매수인과 매매계약서를 쓰고 양도소득세를 납부하면 끝납니다. 산업단지 내에 있는 지식산업센터라면 먼저 한국산업단지공단에 처분 신고서를 내고 양도에 대한 승인을 받아야 합니다. 처분 신고서는 '당사는 이러이러한 사유로 인해 더 이상 사업을 영위할 수 없어 해당 지식산업센터를 처분하고자 합니다.'라고 내는 서류입니다. 작성 후 제출하면 심사 후에 양도가 완료됩니다.

취득 단계에서의 세금

지식산업센터는 취득, 보유 및 매도의 전 과정에서 각각 세금이 부과됩니다([그림 2] 참조). 각 단계에서 내야 할 세금을 하나씩 살펴보

그림 2 ▶ 지식산업센터 투자 사이클에 따른 세금

취득	보유	매도

• 취득세(일회성)
• 부가가치세(일회성)
	• 재산세(건축·토지 각 연 1회)
	• 종합부동산세(연 1회)
	• 임대 시
	  −부가가치세(연 4회)
	  −개인: 종합소득세(연 1회)
	  −법인: 법인세(연 1회)
		• 양도소득세(일회성)
		• 부가가치세(일회성)

도록 하겠습니다. 우선 취득 단계의 세금은 취득세와 부가가치세가 있습니다.

📍 취득세

취득세는 취득분과 등록분으로 나뉩니다. 취득분(2%)의 10%인 농특세와 등록분(2%)의 20%인 교육세가 추가되어 기본 4.6%입니다. 취득세 세율은 조건에 따라 2.3%부터 9.4%까지 네 가지 경우가 있습니다. 이 중 임대를 목적으로 하는 개인사업자나 법인은 4.6% 세율에 해당합니다.

취득세율 2.3%

지식산업센터를 신축하거나 증축해 설립한 자로부터 최초로 분양받은 입주자는 취득세 50% 감면 혜택이 있습니다. 한시적으로 적용되며 2022년 12월 31일에 취득한 것까지 해당합니다.[2] 다만 정당한 이유 없이 취득일로부터 1년이 경과할 때까지 해당 용도로 직접 사용하지 않거나, 취득일로부터 5년 이내 매각, 증여 또는 다른 용도로 사용하는 경우 경감된 취득세를 추징합니다.

그림 3 ▶ 취득세율

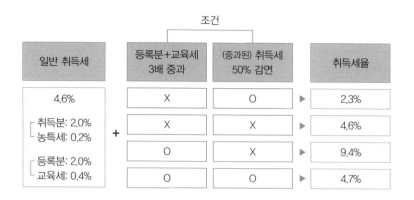

취득세율 4.6%: 일반 취득세

① 개인사업자나 법인이 임대사업을 목적으로 구입했을 때, ② 법인이 실사용 목적으로 분양이 아닌 매매로 구입했으며 취득세 9.4%나 4.7% 조건에 해당하지 않을 때, ③ 지식산업센터의 근린생활시설이나 업무 지원시설을 구입했을 때는 4.6%의 취득세율이 적용됩니다.

취득세 9.4%

다음 규제에 해당하는 경우 등록분(2%)과 교육세(0.4%)에 3배를 중과한 후(2.4%×3=7.2%), 취득분(2%)과 농특세(0.2%)를 더해 9.4%의 취득세율이 적용됩니다.

그림 4 ▶ 수도권 규제 현황[3]

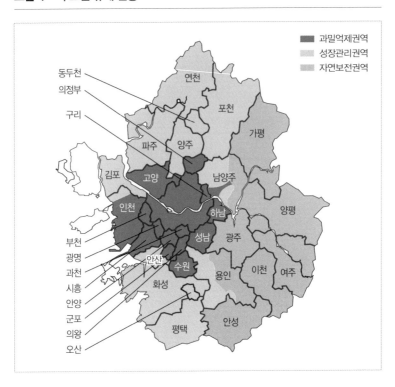

- 수도권 과밀억제권([그림 4] 참조) 내에 있는 기업이

  – 산업단지 내에서 산업단지 밖으로 이전

  – 창업한 지 5년 미만의 법인이며 산업단지가 아닌 지역 지식산업센터 취득

- 수도권 과밀억제권 외 기업이 산업단지가 아닌 수도권 과밀억제권 내로 이전

취득세율 4.7%

등록분과 교육세 3배를 중과해 9.4%의 취득세율이 적용되는 경우 중에서 50% 감면을 받아 취득세율이 4.7%가 되는 경우가 있습니다. 이때는 추가적으로 두 조건을 갖추어야 하는데 ① 분양을 받아 실입주해야 하며, ② 입주할 때 사업계획서에 적었던 업종으로 5년간 사업을 해야 합니다.

취득세는 여러 예외 사항이 있습니다. 예를 들어 「지방세법 시행령」 제26조에 해당하는 업종이나 기업부설 연구소 등은 중과세가 감면됩니다. 또 벤처기업 인증을 받은 기업은 매매로 취득하더라도 일정 조건을 만족하면 일부 감면 혜택이 있습니다. 이런 다양한 사항에 해당될 경우 세무사와 협의하기 바랍니다.

부가가치세

부가가치세는 매매가 중 건물분에 대해 10%가 부과되며, 일반적으로 매수자가 부담합니다. 부가가치세를 전체 분양가의 10%로 잘못 생각하는 경우도 많습니다. 모든 건물의 금액은 건물분과 토지분으로 나눠지며 부가가치세는 건물분에만 한정되기 때문에 전체 분양가의 6~7% 정도입니다. 부가가치세는 환급되며 홈택스에서 환급 신청을 할 수 있습니다(부록 5 참조).

분양 시

계약금, 중도금 및 잔금을 치를 때 건물분의 부가가치세를 신탁사에 납부합니다. 신탁사는 부가가치세 납부 기간에 국세청에 납부하고, 매수자는 조기 환급 신청을 하거나 정기 신고 시 환급 신청을 합니다.

매매 시

일반적으로 잔금을 낼 때 부가가치세를 포함해서 매도자에게 지불합니다. 매도자는 부가가치세를 국세청에 납부하고, 매수자는 환급 신청을 합니다.

환급 시

대금 납부 후 부가가치세가 포함된 금액에 대해 매수인의 사업자 등록번호로 세금계산서를 발급받으면 이것을 근거로 환급 신청을 할 수 있습니다. 납입한 다음 달 25일까지 신청할 수 있으며, 신청 기간 종료로부터 15일 후 부가가치세가 환급됩니다.

보유 단계에서의 세금

보유 단계에서는 재산세, 종합소득세(개인사업자), 법인세(법인사업자) 및 부가가치세와 종합부동산세가 부과됩니다.

재산세

재산세는 매년 6월 1일을 기준으로 지식산업센터 소유자에게 건물분과 토지분이 따로 부과됩니다. 건물분은 7월, 토지분은 9월에 납부합니다. 재산세라고 이야기하지만 그 안에는 네 가지 항목이 있습

그림 5 ▶ 재산세 항목 및 계산법

재산세	건축물	토지
재산세	과세표준×0.25%	과세표준에 따라 다름*
도시지역분	과세표준×0.14%	
지방교육세	재산세×20%	
지역자원시설세	과세표준에 따라 다름**	—

* 2억 원 이하: 과세표준×0.2%, 2억 원 초과 10억 원 이하: 과세표준×0.3%+40, 10억 원 초과: 과세표준×0.4%+280

** ① 0~600만 원: 과세표준×0.04%, ② 600만~1,300만 원: 0.24+(과세표준-600)×0.05%, ③ 1,300만~2,600만 원: 0.59+(과세표준-1,300)×0.06%, ④ 2,600만~3,900만 원: 1.37+(과세표준-2,600)×0.08%, ⑤ 3,900만~6,400만 원: 2.41+(과세표준-3,900)×0.1%, ⑥ 6,400만 원 초과: 4.91+(과세표준-6,400)×0.12%

니다([그림 5] 참조). 그중 지역자원시설세는 건축물분에만 붙습니다.

재산세는 일반 시장가가 아닌 시가표준액을 기준으로 합니다. 시가표준액도 전체가 아닌 일부분에 대해서만 재산세를 부과하는데, 시가표준액 중 세금이 부과되는 비율을 '공정시장가액비율'이라고 합니다. 공정시장가액비율은 2021년 초 기준 70%이며 바뀔 수 있습니다. 또한 지자체장이 일정 범위 내에서 조정할 수 있습니다. 과세표준은 시가표준액에 공정시장가액비율을 곱한 금액입니다.

과세표준＝시가표준액×공정시장가액비율(2021년 초 기준 70%)

과세표준 금액의 크기에 따라 건축물 재산세는 과세표준액의

그림 6 ▶ 재산세 모의 산정을 위한 이택스와 위택스 화면

0.44~0.56% 사이이며, 토지 재산세는 과세표준액의 0.38~0.62% 사이입니다.

서울의 경우 이택스(etax.seoul.go.kr)에서 모의계산이 가능합니다. 그 이외 지역은 위택스(wetax.go.kr)에서 시가표준액 조회가 가능하므로 [그림 5]를 참조해 계산할 수 있습니다.

참고로 최초 분양을 받은 실사용 기업인 경우 재산세는 2022년 말까지 37.5%를 감면받을 수 있습니다.[4]

📍 소득세

여러 종류의 소득을 다 합산해 그에 대한 세금을 내는 것이 종합 과세, 따로 떼어놓고 각각에 대해 세금을 내는 것이 분리 과세입니다. 종합 과세는 여러 종류의 소득을 합산하기 때문에 금액 자체가 커져 더 높은 세율 구간에 해당할 확률이 높습니다. 종합소득금액에 속하는 소득은 총 여섯 가지가 있으며, 지식산업센터의 임대소득은 이 중 사업소득에 해당합니다([그림 7] 참조).

소득세는 본인이 실제로 벌어들인 소득금액에 대해서만 부과됩니다. 예를 들어 A라는 사람이 1천만 원어치의 물건을 팔았는데 그 물건을 산 가격이 500만 원이고, 가게를 꾸리느라 든 경비가 300만 원이라면 실제 이익은 200만 원입니다. 소득세는 이 200만 원에 대

그림 7 ▶ 종합소득금액에 합산되는 소득의 종류

해서만 붙습니다. 전체 수입이 얼마이고 경비(비용)가 얼마인지를 장부에 잘 적어놓으면 실제 소득이 얼마인지 계산 가능합니다. 이렇게 장부에 적는 것을 기장이라고 합니다. 소득 신고는 기장으로 하는 것이 원칙입니다.

여러 가지 이유로 기장(장부 작성)이 어려운 경우 전체 매출에 대해 세금을 부과하면 실제 내야 하는 것보다 소득세가 많이 나옵니다. 따라서 매출의 일정 비율을 경비로 추정합니다. 이 비율을 경비율이라고 하며, 이렇게 추정해서 계산하는 방식을 추계라 합니다. 예를 들어 경비율이 80%이고 매출이 1천만 원이면 비용으로 800만 원은 썼을 것이라고 가정합니다. 이 경비를 뺀 나머지 200만 원을 소득으로 인정하는 것입니다. 따라서 기장보다 추계를 하는 것이 상대적으로 쉽습니다.

기장과 추계는 각각 두 가지 종류가 있으며, 조건에 맞을 때 사용할 수 있습니다([그림 8] 참조).

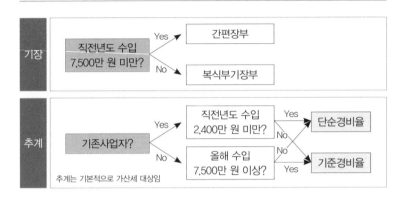

그림 8 ▶ 부동산 임대소득에 따른 기장 및 추계 방식

기장

기장에는 두 가지가 있습니다. ① 소규모 사업자를 위해 가계부를 작성하듯이 쉽고 편하게 작성할 수 있는 간편장부와 ② 모든 거래를 대변과 차변으로 나누어 기입한 다음 각 계좌마다 집계하는 기장 방법을 사용하는 복식부기장부가 있습니다. 간편장부는 직접 작성하는 경우도 많지만, 복식부기장부는 개인이 작성하기에는 어렵기 때문에 주로 세무사에게 맡깁니다. 간편장부는 직전년도 수입금액이 7,500만 원 미만일 때만 사용할 수 있습니다([그림 8] 참조).

추계

추계는 두 가지가 있습니다. 경비 전체를 일정 비율로 추산하는 경우가 있고, 자잘한 경비만 추산하고 주요 경비는 장부를 적는 경

그림 9 ▶ 단순경비율 및 기준경비율의 개념

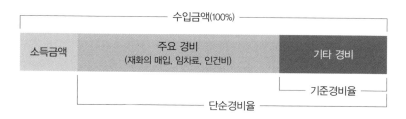

우입니다. 앞의 것을 단순경비율이라고 하고 뒤의 것을 기준경비율이라고 합니다([그림 9] 참조). 2019년 소득의 경우 지식산업센터 임대업의 단순경비율은 57.2%였습니다. 예를 들어 임대료가 1천만 원인 경우 단순경비율을 적용하면 필요비용으로 57.2%인 572만 원을 빼주고 소득금액을 428만 원으로 가정하겠다는 뜻입니다. 이에 반해 기준경비율은 14.6%였습니다. 수입금액에서 14.6%를 빼고 나머지 주요 경비는 정규 증빙(세금계산서, 전자세금계산서, 현금영수증, 신용카드)을 통해 인정받아야 합니다.

무기장 가산세

임대사업을 하는 경우 경비로 들어갈 항목이 별로 없기 때문에 추계 방식이 유리한 경우가 많습니다. 하지만 장부를 작성하는 것이 원칙이라서 추계 방식을 사용하면 무기장 가산세를 냅니다.

간편장부 대상자가 추계를 했을 경우 산출세액의 20%를 가산세로 냅니다. 다른 소득금액이 있다면 산출세액 X(무기장 소득금액/종합소득금액)의 20%가 가산세로 부과됩니다.

복식부기장부 대상자가 추계를 했을 경우 다음 세 가지 중 가장 큰 금액을 가산세로 냅니다. ① 무신고 납부세액의 20%, ② (수입금액 – 기납부세액 관련 수입금액)의 0.07%, ③ 산출세액 X(무기장 소득금액/종합소득금액)의 20%. 간편장부 대상자 중 무기장 가산세가 적용되지 않는 세 가지 경우가 있습니다.

- 당해 신규 사업 개시자
- 직전년도 수입금액이 4,800만 원 미만인 사업자
- 연말정산 사업소득만 있는 경우

지연 및 무신고 가산세

납부가 지연되었을 경우 하루당 납부할 세액의 0.025%의 가산세가 있으며, 무신고 시 납부세액의 20%가 가산세로 붙습니다. 복식부기 의무자가 무신고를 했을 때는 무신고 납부세액의 20%나 수입금액의 0.07% 중 큰 금액을 가산세로 내므로 기한을 잘 맞추어 신고 및 납부해야 합니다.

종합소득세액 계산

사업소득까지 합쳐 전체 소득금액이 나오면 종합소득세액을 다음과 같이 계산합니다.

그림 10 ▶ 종합소득세액 계산 절차

	종합소득금액
−	소득공제
=	① 종합소득 과세표준
×	세율
=	② 산출 세액
−	세액공제, 감면세액
+	가산세
−	기납부세액
=	③ 납부(환급)할 세액

표 1 ▶ 종합소득세 세율(2018년 귀속 이후)

과세표준	세율	누진공제
1,200만 원 이하	6%	−
1,200만 원 초과 4,600만 원 이하	15%	108만 원
4,600만 원 초과 8,800만 원 이하	24%	522만 원
8,800만 원 초과 1억 5천만 원 이하	35%	1,490만 원
1억 5천만 원 초과 3억 원 이하	38%	1,940만 원
3억 원 초과 5억 원 이하	40%	2,540만 원
5억 원 초과	42%	3,540만 원

- **종합소득 과세표준:** 당해 연도의 임대소득을 다른 소득과 합산해 종합소득 금액을 구하고 거기서 소득공제를 합니다. 소득공제는 기본공제, 추가공제, 연금보험공제, 주택담보노후연금 이자비용 공제, 특별소득공제, 조세특례제한법에 의한 소득공제 등이 있습니다. 종합소득금액에서 소득공제를 한 후 남은 금액을 종합소득 과세표준이라고 합니다.
- **산출세액:** 종합소득 과세표준에 따른 세율([표 1] 참조)을 곱해 산출세액을 구합니다.
- 산출세액에서 세액공제(특별, 기장, 외국납부, 재해손실, 배당, 근로소득, 전자신고, 성실신고확인비용) 및 중소기업특별세액 감면 등을 뺍니다. 가산세에 해당하면 그 부분을 더하고 중간 예납, 원천징수 등을 했다면 기납부한 금액을 빼서 최종 종합소득세액을 계산합니다.

고소득자의 경우 다른 소득과 임대소득이 합쳐져 높은 종합소득세가 나올 수 있으므로, 명의를 어떻게 하는 것이 좋은지 지식산업센터 투자에 앞서 한번 살펴보시기 바랍니다.

📍 법인세

법인의 지식산업센터 임대소득은 법인세 납부대상입니다. 사업연도 종료일이 속하는 달의 말일부터 3개월 이내에 법인세를 신고·납부

표 2 ▶ 법인세 세율

과세표준	세율	누진공제
2억 원 이하	10%	–
2억 원 초과 200억 원 이하	20%	2천만 원
200억 원 초과 3천억 원 이하	22%	4억 2천만 원
3천억 원 초과	25%	94억 2천만 원

합니다. 예를 들어 3월에 사업연도가 종료되는 회사라면 법인세를 6월 30일까지 신고·납부해야 합니다. 지연 시에는 지연 일수마다 미납세액의 0.025%씩 가산세가 부과됩니다. 무신고 시에는 소득금액의 0.07%와 무신고 납부세액의 20% 중 큰 금액이 가산세로 부가되니 정시에 신고·납부하는 것이 중요합니다.

법인세율은 [표 2]와 같습니다. 일반적으로 동일한 임대소득에 대해 법인세율이 개인사업자의 소득세율보다는 적습니다. 그러나 자금 활용이 쉽지 않고, 개인에게 급여나 배당으로 이익을 돌려줄 때 소득세가 붙는 등의 단점도 있습니다. 임대소득이 크지 않으면 개인 일반사업자를 하다가 규모가 커질 때 법인 설립을 고려하는 것이 일반적인 추세입니다.

📍 부가가치세

임대료에는 10%의 부가가치세가 부과됩니다. 임대인은 임차인에게 임대료와 부가가치세분을 함께 청구합니다. 임차인이 납부하면 이것을 모아 국세청에 납부합니다. 부가가치세는 3개월마다 예정신고와 확정신고가 번갈아 있습니다. 개인 일반 임대사업자의 경우 확정신고만 1년에 두 번 하며, 납부는 3개월마다 합니다. 예정신고 시에는 직전년도 소득을 바탕으로 부가가치세액이 자동 계산되어 청구됩니다.

📍 종합부동산세

지식산업센터는 부속 토지의 과세표준 금액이 80억 원을 넘어야 종합부동산세가 과세됩니다. 대부분의 경우 종합부동산세는 해당되지 않습니다.

매도 단계에서의 세금

📍 양도소득세

지식산업센터를 양도하는 시점의 가격이 매수 시점보다 높으면 양도소득세가 발생합니다. 양도소득세를 줄이려면 다음 내용에 해당되어야 합니다.

- **보유 기간:** 2년 이상 보유합니다. 보유 기간 1년 미만은 50%의 양도소득세가, 1년 이상~2년 미만은 40%의 양도소득세가 부과됩니다. 2년 이상부터는 [표 3]의 세율에 따라 부과됩니다. 3년 이상 보유하면 매년 2%씩 최대

표 3 ▶ 양도소득세 기본 세율

과세표준	세율	누진공제
1,200만 원 이하	6%	–
4,600만 원 이하	15%	108만 원
8,800만 원 이하	24%	522만 원
1억 5천만 원 이하	35%	1,490만 원
3억 원 이하	38%	1,940만 원
5억 원 이하	40%	2,540만 원
5억 원 초과	42%	3,540만 원

30% 장기보유 특별공제가 있습니다.

- **신고 기한:** 양도소득세 신고를 늦지 않게 합니다. 양도소득세는 양도한 달의 말일부터 2개월 이내에 주소지 관할 세무서에 예정신고 및 납부를 해야 합니다. 예를 들어 1월 2일에 양도했다면 그 달 말일인 1월 31일로부터 2개월 이내에 신고해야 합니다.

- **무신고:** 양도소득세 신고를 해 무신고 가산세 20%를 피합니다. 기간 내 예정신고를 안 하면 신고 불성실로 납부할 세액의 20%를 가산세로 내야 합니다. 부당한 방법과 연관된 무신고라고 판단되면 가산세는 40%가 됩니다.

- **납부 기한:** 납부가 늦어지면 하루마다 납부할 세액의 0.025%의 납부지연 가산세가 부과됩니다. 따라서 양도했을 경우 예정신고를 기한 내에 하는 것이 중요합니다.

- **확정신고:** 한 해에 양도 건수가 2건 이상이고 한쪽에서 양도 차익이 마이너

그림 11 ▶ 양도소득세 계산 과정

	양도가액	양도 시 실거래가액
–	취득가액	취득 시 실거래가액
–	필요 경비	취득세 등
=	양도 차익	
–	장기보유 특별공제	3년 이상 보유 시 보유 연차×2%, 최대 30%
–	양도소득 기본공제	1년 250만 원
=	양도소득 과세표준	
×	세율	기본 세율
=	산출세액	
–	세액공제, 감면세액	
=	자진납부할 세액	

스라면 확정신고 시 양도소득을 합해 양도소득세를 줄일 수 있습니다. 매년 5월에 확정신고를 하는데 그사이 매도한 것이 1건이면 추가로 할 일은 없습니다. 만일 2건 이상이면 확정신고를 반드시 해야 합니다.

양도소득세 계산 과정은 [그림 11]과 같습니다.

• 매도한 금액(양도가액)에서 매수한 금액(취득가액)과 경비를 제하면 실제 발생한 이익인 양도 차익이 산출됩니다. 필요 경비는 취득세, 공인중개 수수료, 법무사 비용 등이 있으며 관련 영수증을 잘 챙겨야 합니다.

- 오래 보유하면 인센티브가 있습니다. 3년 이상 보유한 물건이면 보유 연수×2%씩 해서 양도 차익의 최대 30%에 대해 세금을 부과하지 않습니다. 또 개인별로 1년에 250만 원씩 양도소득 기본공제가 있습니다.
- 양도소득 과세표준에 양도세율([표 3] 참조)을 곱해 산출세액을 계산합니다.
- 기타 공제하거나 감면할 세액이 있으면 반영한 후 자진납부세액을 구합니다.
- 자진납부세액의 10%가 주민세로 부과됩니다.

납부할 금액이 1천만 원이 넘는다면 2개월 동안 분납할 수 있습니다. 총 금액이 1천만 원 이상 2천만 원 이하라면 첫 달은 1천만 원을 내고 나머지를 둘째 달에 냅니다. 총 금액이 2천만 원 초과면 두 번에 나누어 낼 수 있으며, 두 번째 납부금액이 전체 금액의 50% 이하면 됩니다.

📍 부가가치세

양도 시 부가가치세는 건물분에 대해 10%가 부과됩니다. 이 금액을 누가 부담할 것인지에 대해서는 계약서에 명시합니다. '부가가치세 별도'라는 항목이 없으면 매도금액 내에 부가가치세가 포함된 것으로 간주합니다. 부가가치세는 매도자가 국세청에 납부하고, 매수자는 환급 신청을 해서 돌려받습니다.

부가가치세를 납부하면 나중에 환급을 받을 수 있기 때문에 낼 금액은 0원입니다. 하지만 일단 납부해야 하기 때문에 일정 기간 동안 현금 흐름이 마이너스가 됩니다. '포괄 양수도' 계약을 하면 이런 과정을 생략할 수 있습니다. '포괄 양수도'란 사업의 이전 권리자와 새로운 권리자 사이에 사업용 자산을 비롯한 인적자원 및 권리와 의무를 포괄적으로 양수·양도하는 것을 말합니다. 매도자 입장에서는 크게 유리할 것이 없지만 매수자 입장에서는 부가가치세만큼의 금액을 준비하지 않아도 되기 때문에 초기 비용이 줄어듭니다. 포괄 양수도를 하려면 ① 양수자는 과세 사업을 하고, ② 양수 시점에 사업 양수자와 사업 양도자가 동일 업종을 영위해야 하는 등의 조건이 있으니 반드시 사전에 확인하고 진행해야 합니다.

기타 비용으로는
무엇이 있을까?

📍 건강보험료

직장가입자

근로소득을 제외한 다른 소득이 연 2천만 원 이하면 추가로 내는 건강보험료는 없습니다. 2천만 원 초과분에 대해서 건강보험료율을 곱해 추가 부담금을 결정합니다. 2021년 건강보험료율은 6.86%입니다. 소득의 종류에 따라 감면해주는 것도 있지만(예: 연금 등), 지식산업센터 임대소득은 해당되지 않습니다. 장기요양보험료도 추가되며 건강보험료의 11.52%입니다.

그림 12 ▶ 국민건강보험 사이트의 보험료 계산기

지역가입자

별다른 소득이 없이 다른 사람의 건강보험 피부양자로 있던 사람의 명의로 지식산업센터 임대사업을 하면 지역가입자로 전환됩니다. 이때 건강보험료를 산정하기 위해 소득(연금, 근로소득, 이자소득, 배당소득, 임대소득을 포함한 사업소득, 기타소득), 재산(과세표준금액: 주택/건물/토지, 전세보증금, 월세보증금, 월세 등) 및 자동차 정보가 들어갑니다.

국민건강보험 사이트(nhis.or.kr)에서 '보험료 계산기'로 모의 계산이 가능합니다. 홈페이지 하단의 '보험료 계산기'를 클릭한 후 다음 화면에서 '지역보험료 모의계산하기'를 클릭하면 간편하게 예상 금액을 알아볼 수 있습니다([그림 12] 참조).

🗺 국민연금

국민연금보험료는 만 18세 이상~60세 이하가 가입하며 일정 조건이 맞으면 65세까지 연장이 가능합니다. 가입자 종류는 직장가입자, 지역가입자, 그리고 둘 다 해당하지 않지만 가입 신청을 해서 연금을 납부하는 임의가입자 등 총 세 가지가 있습니다. 직장가입자는 기업과 개인이 국민연금을 반반씩 부담하며, 그 이외는 전액 자가 부담합니다.

국민연금보험료는 가입자의 월 기준소득액에 연금보험료율을 곱해 구합니다. 월 기준소득액은 2021년 상반기 기준 하한은 32만

그림 13 ▶ 국민건강보험 사이트의 국민연금보험료 계산기

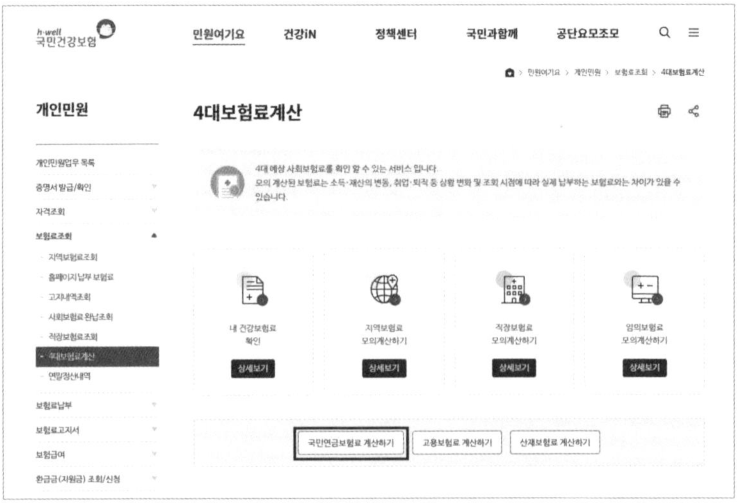

원, 상한은 503만 원입니다. 즉 503만 원 이상의 소득이 발생해도 503만 원까지만 반영해 국민연금을 납부합니다. 국민연금보험료율은 9%입니다.

국민연금보험료도 국민건강보험 사이트에서 모의 계산이 가능합니다. [그림 12]처럼 '보험료 계산기'를 클릭하면 [그림 13] 화면으로 바뀝니다. 하단의 '국민연금보험료 계산하기'를 클릭한 후, 월 소득금액을 넣으면 자동으로 계산됩니다.

📍 교통유발부담금

교통유발부담금이란 교통 혼잡을 완화하기 위해 혼잡을 유발하는 시설물에 부과하는 금액입니다. 지하층을 포함해 지식산업센터의 연면적(전 층의 바닥면적)이 1천m²(302.5평)가 넘으면 적용됩니다. 대부분의 지식산업센터가 이에 해당합니다. 단 해당 지자체의 상주인구가 10만 명 미만인 경우에는 제외합니다.

부과 기간은 직전년도 8월 1일부터 당해 연도 7월 31일까지이며 기준일은 당해 연도 7월 31일입니다. 교통유발부담금의 계산식은 다음과 같습니다.

교통유발부담금＝소유면적(m²)×단위부담금×교통유발계수

- **소유면적:** 제곱미터(m²)로 표시된 분양면적을 의미합니다. 소유면적 160m² 미만은 면제됩니다.

- **단위부담금:** 건물 전체 연면적 및 해당 연도에 따라 다릅니다. 참고로 2021년에 부과될 금액은 분양면적 1m²당 연면적 3만m² 초과 시 2,000원, 연면적 3천m² 이하는 700원, 그 사이는 1,400원입니다.

- **교통유발계수:** 교통유발계수는 도시의 상주인구 수와 업종에 따라 다르며 「도시교통정비 촉진법 시행규칙」 별표4에 규정되어 있습니다. 지자체에서 일부 조정해 적용할 수 있으며, 정확한 값은 지식산업센터가 있는 지자체의 교통행정과에 전화하면 안내해줍니다.

미사용 기간이 있는 경우 '시설물 미사용 신고서'를 작성하고 관련 증빙자료를 갖추어 신고하면 부담금액을 조정해줍니다. 증빙자료는 임대차 계약서, 관리비 내역서, 부동산 임대 공급가액 명세서 등 미사용을 객관적으로 증명할 수 있는 자료입니다.

교통유발부담금 부과 기간 중 소유권이 바뀌었다면 매수 시 매도자와 협의해 나누어 낼 것인지, 아니면 매수자가 전액 부담할 것인지를 결정합니다. 고지서는 7월 31일 기준 소유자에게만 발부됩니다. 매도자와 나누어 내기로 결정했다면 지식산업센터의 소재지 구청에 연락해서 '일할계산신청서' 양식을 받거나, 국가법령정보센터(law. go.kr)의 '별표·서식' 탭에서 '일할계산신청서'를 다운로드받아 작성한 후, 건축물 등기부등본과 같이 제출합니다([그림 14] 참조).

그림 14 ▶ 국가법령정보센터 화면 예시

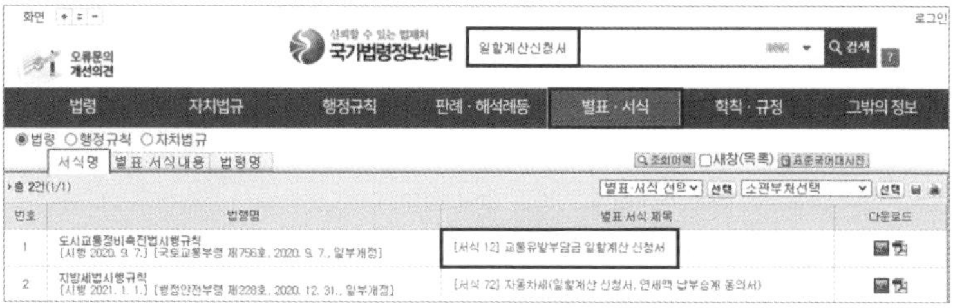

공인중개 수수료

지식산업센터의 임대차 계약은 일반적으로 2년 단위이며, 임차인이 바뀔 경우 공인중개 수수료가 들어갑니다. 수수료를 계산하기 위해서는 먼저 환산금액을 구합니다. 일반적으로 환산금액은 보증금+월차임×100인데, 환산금액이 5천만 원보다 작으면 보증금에 월차임×70을 합니다. 공인중개 수수료율의 한도는 0.9% 내에서 협의해 정하게 되어 있으며, 매매나 임대 모두 동일합니다. 임대의 경우 수수료가 약 한 달 치 월세 정도입니다. 따라서 임차인을 구할 때는 가능하면 오래 있을 수 있는 우량 임차인을 구하는 것이 수익률을 높이는 방법입니다. 분양인 경우 수수료를 시행사가 내기 때문에 분양받는 쪽은 부담하지 않아도 됩니다.

편하게 계산하려면 네이버에서 '부동산 중개보수 계산기'를 검색해 사용합니다([그림 15] 참조). 지식산업센터는 '주택 외 부동산'이

그림 15 ▶ 네이버 부동산 중개보수 계산기

니 이것을 선택하고 '월세 임대차'를 클릭한 후 보증금과 월세를 넣으면 손쉽게 수수료를 계산해볼 수 있습니다.

🗺 장기수선충당금

지식산업센터는 「집합건물의 소유 및 관리에 관한 법률」을 적용하지 않기 때문에 법적으로는 장기수선충당금에 대한 규정이 없습니다. 하지만 건물의 유지 보수를 원활하게 하고자 일정 금액을 적립하고 필요시 이 금액을 사용합니다.

주거시설의 장기수선충당금은 법적으로 소유자가 부담합니다.

하지만 지식산업센터는 관련 법이 없기 때문에 누가 내야 하는지 모호합니다. 관련 특약이 없을 때는 관례상 임대인이 부담합니다. 주거와 마찬가지로 관리비에 포함된 장기수선충당금은 임차인이 일단 납부하고, 임차가 끝난 후에 정산합니다.

기장 수수료

지식산업센터로 임대사업을 하는 경우 돈의 흐름을 기록해야 합니다. 매출 규모에 따라서 간편장부와 복식부기로 나누어지는데 복식부기부터는 대부분 세무사에게 장부 작성 업무를 맡깁니다. 이때 내는 수수료를 기장 수수료라고 하며, 세금 신고 시 비용은 따로 냅니다. 기장 수수료는 부가세를 제외하고 월 10만 원 정도로 가격대가 형성되어 있으며 매출 규모에 따라 수수료가 다릅니다. 기장 수수료는 비용으로 처리됩니다.

성실신고 확인 비용

개인사업자의 수입 금액이 업종별로 일정 규모 이상이 되면 종합소득세를 신고할 때 장부 기장 내용의 정확성을 확인받은 후 신고해야 합니다. 확인은 세무사, 공인회계사, 세무법인 또는 회계법인이 할 수 있습니다. 부동산 임대업의 경우 소득금액이 5억 원 이상일 때 성실신고 확인을 해야 하며, 이 한도는 조만간 3억 5천만 원으로 낮아질 것으로 예상합니다. 성실신고 확인 비용은 60%까지 소득세 또는 법인세 세액공제가 되는데, 사업자는 120만 원, 내국 법인은 150만 원이 공제 한도입니다.

제게는 투자 상담 요청이 자주 들어옵니다. 상담의 대부분은 계약 해지나 대출과 관련된 내용입니다. 분양을 할 때는 잔금 대출이 90% 나온다고 해서 계약을 했는데 실제로는 대출이 70%밖에 안 나온다거나, 중도금 대출이 거부된다거나 해서 실질적으로 잔금을 낼 수 없게 되면 참 난감합니다. 결국 계약금을 포기하고 할인된 가격에 전매하는 분들도 많고, 일부러 지식산업센터 입주 한두 달 전부터 할인된 전매 물건을 기다리는 투자자도 있습니다.

이런 측면에서 제일 기억에 남는 분이 있습니다. 아무도 예측하지 못했던 코로나 사태로 영향을 받은 A대표님입니다. 이분은 생활용품을 제조하는 중견 기업을 운영하셨는데 마포구에 사무실이 있고 공장은 일산에 있었습니다. 사무실이 오래되어 이왕이면 투자가치가 있는 곳으로 옮기려던 차에 2020년 2월 저의 지식산업센터 세미나에 참가했습니다. 사례 3에서 소개한 대표님과 같은 세미나에 계셨던 분입니다.

처음에는 기존 사무실이 마포에 있어 업무의 연장선 측면으로 가까운 상암동의 KG IT센터를 권해드렸습니다. 상암동은 특이하게도 대부분의 건물이 회사 단독 사옥의 형태이며 분양을 받아 들어온 건물은 많지 않습니다. KG IT센터는 지식산업센터는 아니었지만 규모와 전체적인 구조가 지식산업센터와 흡사한 오피스 건물이었습니다. A대표님은 그런 부분을 좋게 판단했습니다. 입지도 좋은데 가격은 평당 900만 원이 안 되어 실사용 기업 입장에서는 탁월한 선택이었습니다. 하지만 좋은 물건이라 경쟁이 치열했고 결국 한 사람에게 통매각되었습니다. 1년이 지난 2021년 초 그곳의 가격은 평당 약 1천만 원입니다.

그다음 선택지가 성수동이었습니다. A대표님의 집이 잠실 쪽이어서 출퇴근도 괜찮고 직원들이 오기에도 나쁘지 않았습니다. 사례 3과 마찬가지로 성수 생각공장 데시앙플렉스를 권해드렸습니다. A대표님은 굉장히 마음에 들어 했습니다. 기업이 규모가 있는 곳이어서 총 5개 호실이 필요했고, 지금처럼 어마어마한 프리미엄이 아닌 약간의 프리미엄을 주고 매입하기로 했습니다. 일단 5천만 원을 넣고

추후 계약일을 잡았습니다.

　그러던 찰나에 코로나 사태가 터졌습니다. 처음에는 코로나가 별 것 아니라고 생각했는데 갈수록 상황이 악화되었습니다. A대표님은 '사업이 어려워졌는데 지금 부동산을 사는 것이 맞나.'라는 고민에 빠졌습니다. 대부분의 기업 대표님들이 그러하듯 사업에 중점을 둔 판단이었습니다. 그래서 저도 "그래도 분양을 받아야 한다"고 이야기하지 못했습니다. 지금 생각하면 '그때 좀 더 강하게 이야기했어야 하는데.'라는 아쉬움이 남습니다. 사실 사무실을 옮길 때도 되었고 자금 여력이 있었기 때문에 충분히 매수할 수 있었습니다. 결국에는 사무실도 옮기지 못하고 5천만 원의 손해를 보았습니다. 만일 이전을 했다면 사무실의 가격 상승으로 사업의 어려움을 어느 정도 만회할 수도 있었을 것입니다. 이 일은 저에게도 뼈아픈 경험이 되었습니다.

　이분의 사례는 전형적으로 기업을 운영하는 분들의 특징이 100% 반영된 사례입니다. 사업을 하는 분들은 위험관리에 민감하기 때문에 대부분 A대표님과 같은 반응을 보일 것입니다. 제가 그 입장이더라도 그런 결정을 내렸을 것이고요. 회사가 먼저지 부동산이 절대 먼저가 아니거든요. 다만 최악의 시나리오를 생각하고 그래도 계약을 끌고 갈 수 있는지를 검토하지 못했던 점은 큰 아쉬움으로 남습니다.

이 사례처럼 최악의 상황을 미리 대비하는 지혜가 필요합니다. 요즘은 분양받는 사람들이나 분양하는 사람들이 부동산으로 어려움을 겪어보지 않은 경우가 많습니다. 어렵고 힘들어질 때 어떤 상황에 봉착할 수 있는지를 사전에 검증해볼 필요가 있습니다.

그래서
어디를 살까요?

최근 들어 가장 많이 받는 질문이 "어디를 살까요?"와 "이 지식산업 센터는 어떤가요?"입니다. 제가 지식산업센터 분야에서 16년 동안 일하고 있지만, 이것은 언제나 어렵고 답변하기 조심스러운 질문입 니다. 어디는 좋고 어디는 어떻다는 등 단순하고 명쾌하게 이야기하 기 어려운 부분이 늘 있기 때문입니다.

예를 들어 같은 지역 내에 몇 개의 지식산업센터가 있다고 하면, 하나하나의 지식산업센터가 서로 다 다릅니다. 또한 같은 지식산 업센터 건물 내 호실이더라도 그 성과가 다를 수 있습니다. 지식산 업센터는 입주 시점에 20~30%가 채워집니다. 6개월 정도 지나면

50% 정도 입주가 되고, 다 채워지려면 1년 정도가 걸립니다. 내가 가진 호실이 첫 입주 때 임대할 수 있다면 굉장히 좋은 호실인 것이고, 1년 후에도 임대가 안 된다면 투자에 실패한 호실이 됩니다. 어느 지식산업센터인가도 중요하지만, 내 물건이 기업 선호도 측면에서 몇 등짜리인가에 따라 투자의 성공과 실패가 판가름 납니다.

최근 서울 시내의 지식산업센터는 매매 물건이 없습니다. 따라서 신규 분양 쪽으로 사람들이 몰리고 있고 그것이 분양가를 끌어올리면서 주변 지식산업센터의 매매가도 높이고 있습니다. 투자를 하려는 사람들에게서 점점 조급해지는 분위기가 감지됩니다.

하지만 초보자라면 너무 급하게 생각하지 말고, 조금 더 지식산업센터에 대해 파악하고 이 시장으로 들어와도 늦지 않다고 생각합니다. 아직 투자자 저변이 완전히 넓어진 것은 아니며, 지식산업센터는 계속 공급되고 있으므로 잘 공부한다면 좋은 물건을 선택할 수 있을 것입니다.

분양받고자 하는 지식산업센터 옆에 다른 지식산업센터가 있으면 방문해보세요. 어느 업종의 기업이 들어왔는지, 임대는 잘 맞춰지는지, 임대를 하기 위한 기업의 대기 수요는 있는지 등을 파악하면 그곳이 어느 정도의 투자가치를 가지고 있는지 가늠해볼 수 있습니다. 주변에 다른 지식산업센터가 없다면 임장을 가서 그 지역에 어떤 기업이 있는지, 그 업종은 무엇인지, 어떤 특장점이 있어야 기업의 선택을 받을 수 있을지 등을 파악해보는 것이 현명합니다. 그래야 무리 없는 투자를 할 수 있습니다.

지식산업센터 투자는 아파트 투자와 다릅니다. 분양 후 프리미엄을 붙여 전매하겠다는 분들이 많은데 입장을 바꾸어 본인에게 물어보십시오. 누군가 나한테 이 지식산업센터를 프리미엄을 붙여 판다고 할 때 나는 살 것인지. 만일 "그렇다."라는 답이 나오면 사도 되지만, 그렇지 않다면 최악에는 전매에 실패해 본인이 잔금을 납부하고 등기를 한 후 임대를 맞추어야 하는 것도 고려해야 합니다. 또한 지식산업센터는 아파트처럼 프리미엄이 많이 붙는 상품이 아니니 그것도 염두에 두어야 합니다.

최대한 객관적인 지표를 보고, 이와 더불어 기업의 입장에서 지식산업센터를 선택한다면 틀리지 않습니다. 실사용 기업은 직원들의 출퇴근을 생각하고, 여기 입주한다면 인력 수급이 용이할지를 검토합니다. 직원들이 식사하기는 편한지, 주차와 엘리베이터 이용은 어떤지도 고려합니다. 건물의 하중과 전력이 어느 정도 들어오는지 등 여러 가지 따지는 부분이 많습니다. 이렇듯 투자자의 관점과 실사용자의 관점은 다릅니다. 내가 투자한 지식산업센터 호실의 최종 선택자는 기업입니다. 따라서 실사용 기업이 들어가려고 하는 물건을 고르는 것이 가장 좋은 선택이며 성공적인 투자의 정석입니다.

박희성, 오승연

업무지원시설 입주 가능 업종

업무지원시설 입주 가능 업종은 「산업집적활성화 및 공장설립에 관한 법률 시행령」 제36조4(지식산업센터에의 입주)의 2항에서 정의하고 있습니다. 다음은 그 원문입니다.

「산업집적활성화 및 공장설립에 관한 법률」 시행령 제36조4의 2항

법 제28조의5제1항제3호에 따른 입주업체의 생산 활동을 지원하기 위한 시설은 다음 각 호의 시설로 한다. 다만, 시장·군수 또는 구청장이나 관리기관이 해당 지식산업센터의 입주자의 생산 활동에 지장을 줄 수 있다고 인정하는 시설은 제외한다. 〈개정 2010. 7. 12., 2011. 4. 5., 2011. 12. 8., 2017. 10. 31.〉

1. 금융·보험·교육·의료·무역·판매업(해당 지식산업센터에 입주한 자가 생산한

제품을 판매하는 경우만 해당한다)을 하기 위한 시설

2. 물류시설, 그 밖에 입주기업의 사업을 지원하거나 어린이집·기숙사 등 종업원의 복지증진을 위해 필요한 시설

3. 「건축법 시행령」 별표 1 제3호 및 제4호에 따른 근린생활시설(면적제한이 있는 경우에는 그 제한면적범위 이내의 시설만 해당한다)

4. 「건축법 시행령」 별표 1 제5호에 따른 문화 및 집회시설 또는 같은 표 제13호에 따른 운동시설로서 산업통상자원부령으로 정하는 시설

5. 「건축법 시행령」 별표 1 제7호다목에 따른 상점(음·식료품을 제외한 일용품을 취급하는 상점만 해당한다)으로서 다음의 기준에 적합한 시설

   가. 산업단지 안의 지식산업센터에 설치하는 경우: 보육정원이 50명 이상인 어린이집(「영유아보육법」 제10조제1호에 따른 국공립어린이집은 제외한다)이 해당 지식산업센터에 설치(「영유아보육법」 제13조에 따라 어린이집의 설치인가를 받은 경우를 포함한다)되어 그 용도로 유지되고 있고 해당 상점의 건축연면적이 3천제곱미터(보육정원이 60명 이상인 경우에는 4천제곱미터) 이하인 시설

   나. 산업단지 밖의 지식산업센터에 설치하는 경우: 해당 상점의 건축연면적이 해당 지식산업센터에 설치되는 지원시설의 바닥면적 총합계의 100분의 10 이하인 시설

6. 「건축법 시행령」 별표 1 제14호나목2)에 따른 오피스텔(산업단지 안의 지식산업센터에 설치하는 경우로서 해당 산업단지의 관리기본계획에 따라 허용되는 경우만 해당한다)

손품 팔기(검색 및 자료 수집)

네이버 부동산(land.naver.com): 매매가 및 임대가

네이버 부동산 사이트에서 매매 가격과 임대 가격을 어느 정도 파악할 수 있습니다. 위쪽 메뉴 바에서 '상가·업무·공장·토지'를 클릭하고 '지식산업센터'를 선택합니다([그림 1] 참조).

거래 방식을 '매매'와 '임대'로 따로 보는 것이 좋습니다. [그림 2]는 성수동의 예인데 매매 물건은 거의 없고 임대 물건은 많이 나와 있습니다. 데이터를 보

그림 1 ▶ 네이버 부동산 상단 메뉴

그림 2 ▶ 네이버 부동산의 지식산업센터 매매 및 임대 물건

면서 이 지역의 평당 임대가와 매매가는 얼마인지 가늠해봅니다. 유난히 매물이 많은 곳이 있다면 왜 그런지 파악해봅니다. 이런 식으로 한 지역씩 보다 보면 각 지역의 특징이 보일 것입니다. 다만 모든 매물이 네이버에 올라가지는 않습니다. 따라서 손품이 어느 정도 완료되면 직접 임장을 가서 부동산을 통해 알아보는 것이 좋습니다.

팩토리온(factoryon.go.kr): 전국 지식산업센터 현황

한국산업단지공단에서 운영하는 사이트입니다. 메뉴 중 '고객지원'의 '게시판'에서 '공장설립자료실'을 보면 전국 지식산업센터 현황이 있습니다([그림 3] 참조).

그림 3 ▶ 팩토리온 화면 예시

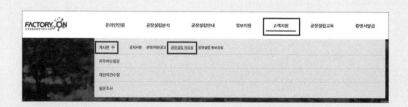

2020년 4월에 첫 자료가 올라왔으며, 7월부터는 매달 정보가 업데이트되고 있습니다.

국가통계포털(kosis.kr): 각종 통계 자료

다양한 주제에 대한 국가 통계 자료를 볼 수 있습니다.

그림 4 ▶ 국가통계포털 화면

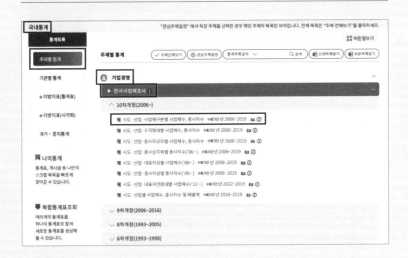

통계지리정보서비스(sgis.kostat.go.kr): 기업체 수, 인구 수 등

통계청에서 제공하는 서비스로 기업 분포, 인구 분포를 지도 위에 표시해 한눈에 파악하기 좋습니다. 홈페이지에서 '대화형 통계 지도'로 들어가면 다양한 정보를 볼 수 있습니다.

딱 한 번 읽고 바로 써먹는 지식산업센터 투자

그림 5 ▶ 통계지리정보서비스 화면 예시

RISS(www.riss.kr): 석사학위 및 박사학위 논문

RISS는 Research Information Sharing Service의 약자입니다([그림 6] 참조). 전국 대학이 생산하고 보유하며 구독하는 학술 자원을 공동으로 이용할 수 있도록 개방된 대국민서비스입니다. 2020년 12월 기준으로 총 59건의 지식산업센터 관련 학위 논문이 있습니다. 지식산업센터 매매나 임대 실거래가가 공개된 포털이 거의 없는데, 논문들 중에는 실거래가 정보를 구해 지식산업센터의 가치 결정 요인을 연구한 것들이 많으며 값진 통찰력을 제공합니다.

그림 6 ▶ RISS 초기 화면

국토교통부 택지정보시스템(www.jigu.go.kr): 택지지구 정보

과거에 개발되었거나 앞으로 개발 계획이 있는 사업지구 정보를 지도로 한눈에 보여주는 사이트입니다. 지도에서 관심 지역을 클릭하거나, 왼쪽 검색창에서 사업지구를 직접 검색하거나 리스트에 나와 있는 것 중 해당 명칭을 클릭해 상세 정보를 구합니다.

그림 7 ▶ 택지정보 지도서비스 화면

딱 한 번 읽고 바로 써먹는 지식산업센터 투자

상세 정보에는 각 지구별로 사업 기간과 위치, 면적 등 기본 자료와 토지를
어떻게 이용하겠다는 정보가 있습니다([그림 8] 참조). '토지이용계획표' 탭을 클
릭하면 각 용지별 비율이 나옵니다. 택지지구에서 지식산업센터는 도시지원시
설용지 또는 자족기능용지에 들어갈 수 있습니다. 주위에 기업이 있으면서 이
용지의 비율이 작다면 더 희소성이 있을 것입니다.

그림 8 ▶ 지구별 정보 화면

지식산업센터114(www.kic114.kr): 실거래가 정보

이 사이트는 지도 상에 실거래가 정보가 표시되어 있어 지역별로 실거래가를 파
악할 때 편리합니다. [그림 9]처럼 지역별로도 볼 수 있고, 지도를 확대하면 건
물별로도 볼 수 있습니다([그림 10] 참조).

그림 9 ▶ 지식산업센터114 실거래가 지도: 지역별 예시

지도 상의 건물을 클릭하면 왼편에 그 건물의 실거래 계약일 및 층과 면적

이 나와 있어 추세를 알기 편리합니다.

그림 10 ▶ 지식산업센터114 실거래가 지도: 건물별 정보 예시

딱 한 번 읽고 바로 써먹는 지식산업센터 투자

정부24(www.gov.kr): 지식산업센터 건물 스펙 확인

지식산업센터 건물의 전체 스펙을 파악하기에는 건축물대장 표제부가 좋습니다. 이것은 정부24 사이트에서 발급받을 수 있습니다. 홈페이지 첫 화면에서 건축물대장을 클릭하면 신청하는 페이지로 넘어갑니다([그림 11] 참조).

그림 11 ▶ 정부24 홈페이지

'열람'과 '발급'이 있는데 공식적으로 제출할 서류라면 '발급'을, 정보를 확인하는 용도라면 '열람'을 선택합니다. 문서를 보기 위해서는 건물 소재지, 대장 구분 및 대장 종류 정보를 넣습니다.

- **건물 소재지:** 지식산업센터 주소 입력

- **대장 구분:** 지식산업센터는 집합 건물이므로 집합(아파트, 연립주택 등)을 선택
- **대장 종류:** 표제부 선택

건축물대장 표제부 첫 페이지에서는 대지면적, 연면적, 층수, 호수 및 각 층별 면적과 용도를 확인합니다([그림 12] 참조). 다음 페이지에는 주차장 수와 승강장 수 및 허가·착공·사용 승인일이 나와 있습니다.

그림 12 ▶ 건축물대장 화면 예시(가산 더스카이밸리 1차 사례)

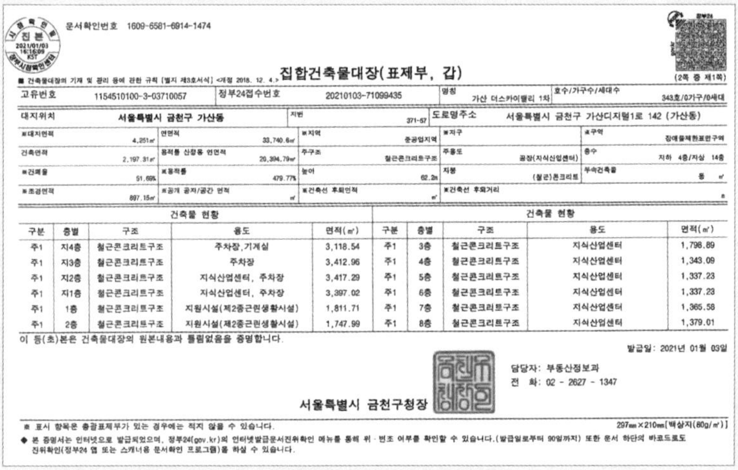
문서확인번호 1609-6581-6914-1474

■ 건축물대장의 기재 및 관리 등에 관한 규칙 [별지 제3호서식] <개정 2018. 12. 4.>

집합건축물대장(표제부, 갑)

(2쪽 중 제1쪽)

고유번호	1154510100-3-03710057	정부24접수번호	20210103-71099435	명칭 가산 더스카이밸리 1차	호수/가구수/세대수 343호/0가구/0세대
대지위치	서울특별시 금천구 가산동	지번 371-57	도로명주소	서울특별시 금천구 가산디지털1로 142 (가산동)	
※대지면적 4,251㎡	연면적 33,740.6㎡	※지역 준공업지역	※지구	※구역 장애물제한표면구역	
건축면적 2,197.31㎡	용적률 산정용 연면적 20,394.79㎡	주구조 철근콘크리트구조	주용도 공장(지식산업센터)	층수 지하 4층/지상 14층	
※건폐율 51.69%	※용적률 479.77%	높이 62.2m	지붕 (철근)콘크리트	부속건축물 동 ㎡	
※조경면적 897.15㎡	※공개 공지/공간 면적 ㎡	※건축선 후퇴면적 ㎡	※건축선 후퇴거리 m		

건축물 현황					건축물 현황				
구분	층별	구조	용도	면적(㎡)	구분	층별	구조	용도	면적(㎡)
주1	지4층	철근콘크리트구조	주차장,기계실	3,118.54	주1	3층	철근콘크리트구조	지식산업센터	1,798.89
주1	지3층	철근콘크리트구조	주차장	3,412.96	주1	4층	철근콘크리트구조	지식산업센터	1,343.09
주1	지2층	철근콘크리트구조	지식산업센터, 주차장	3,417.29	주1	5층	철근콘크리트구조	지식산업센터	1,337.23
주1	지1층	철근콘크리트구조	지식산업센터, 주차장	3,397.02	주1	6층	철근콘크리트구조	지식산업센터	1,337.23
주1	1층	철근콘크리트구조	지원시설(제2종근린생활시설)	1,811.71	주1	7층	철근콘크리트구조	지식산업센터	1,365.58
주1	2층	철근콘크리트구조	지원시설(제2종근린생활시설)	1,747.99	주1	8층	철근콘크리트구조	지식산업센터	1,379.01

이 등(초)본은 건축물대장의 원본내용과 틀림없음을 증명합니다.

발급일: 2021년 01월 03일

담당자: 부동산정보과
전 화: 02 - 2627 - 1347

서울특별시 금천구청장

※ 표시 항목은 총괄표제부가 있는 경우에는 적지 않을 수 있습니다. 297㎜×210㎜[백상지(80g/㎡)]

◆ 본 증명서는 인터넷으로 발급되었으며, 정부24(gov.kr)의 인터넷발급문서진위확인 메뉴를 통해 위·변조 여부를 확인할 수 있습니다.(발급일로부터 90일까지) 또한 문서 하단의 바코드로도 진위확인(정부24 앱 또는 스캐너용 문서확인 프로그램)을 하실 수 있습니다.

부동산 디스코(disco.re): 건물 및 호실 스펙

앞서 소개한 정부24의 건축물대장은 발급 비용을 내야 하지만, 이를 무료로 볼 수 있는 사이트가 있습니다. 부동산 디스코에 접속한 후 주소를 검색하면 대지

면적, 연면적, 주차장, 허가·착공·사용 승인 일자를 볼 수 있으며 각 호실별 정

보도 선택해서 볼 수 있습니다. 모든 것이 무료인 반면 업데이트가 빠르지는 않

습니다.

그림 13 ▶ 부동산 디스코 정보 화면

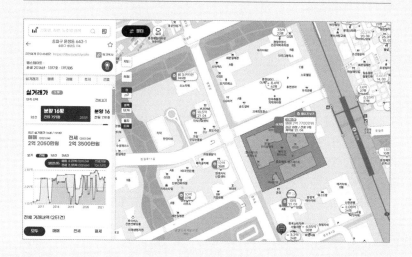

발품 팔기(임장)

'임장'을 네이버 어학사전에서 찾으면 "어떤 일이나 문제가 일어난 현장에 나옴"
이라 되어 있습니다. 부동산 임장은 현장 방문 또는 현장 학습 정도로 생각하
면 됩니다. 무작정 관심 있는 지식산업센터에 간다고 뭔가가 보이는 것은 아닙
니다. 어떤 기준점 없이 방문만 계속 하다 보면, 이 공인중개사 이야기를 들으면
여기가 좋은 것 같고, 저 공인중개사 이야기를 들으면 저기가 좋은 것 같은 생각
이 듭니다. 그래서 더 선택하기가 어려워집니다. 따라서 임장은 어느 정도 인터
넷 등을 통해 정보 분석이 끝난 이후 확인 차원에서 가는 것이 좋습니다.

투자자라면 실입주할 기업이 관심을 갖는 요소를 임장 때 확인해야 합니
다. 실사용 기업이 관심을 갖는 것은 여러 가지입니다. (1) 주변에 협력업체가
많은지, (2) 역세권이라 교통이 편해서 직원들이 출퇴근하기 좋은지, (3) 고객사
와 가까운지, (4) 엘리베이터가 많아서 출근·점심·퇴근 시간에 붐비지는 않는

지, (5) 화물 엘리베이터의 하중은 충분한지(물류가 많은 경우), (6) 동선은 괜찮게 나오는지, (7) 마감과 스펙이 좋아서 이 지식산업센터에 들어오면 기업의 위상이 높아지는지 등입니다.

관심 있는 지식산업센터에 가면 1층에서 입주사 현황판을 찾아봅니다. 비어 있는 호실은 회사명이 없기 때문에 공실이 어느 정도인지 확인할 수 있습니다. 또한 업데이트가 제대로 안 되어 있을 수도 있기 때문에 맨 꼭대기층부터 쭉 한 번 돌아봅니다. 어떤 회사가 주로 들어와 있는지, 분위기는 어떤지 느낄 수 있을 것입니다.

큰 규모의 회사가 많은지, 작은 사무실이 많은지도 볼 수 있습니다. 이를 통해 주력 평형이 무엇인지도 확인할 수 있습니다. 주력 평형이 확인되면 자연스럽게 어떤 평형이 희소성이 있는지 알 수 있습니다. 임대를 놓을 때는 희소성 있는 평형이 잘나가는 편입니다. 어느 평형이 좋을지는 공인중개사무소 방문 시 다시 한번 확인합니다.

특히 출근 시간, 점심 시간 등에 엘리베이터가 얼마나 복잡한지 확인해봅니다. 주차장은 여유가 있는지 확인하고, 물류가 많은 곳이라면 하역장이 어디에 설치되어 있고 화물 엘리베이터에 편하게 연결되는지 등을 확인합니다.

엘리베이터에서 내려서 복도를 살펴봅니다. 복도 폭이 좁아서 마주 보는 호실의 문과 문이 거의 맞닿는 경우도 있습니다. 해당 지식산업센터가 인테리어를 많이 하는 추세인지도 사무실 외관을 보면서 파악할 수 있습니다. 문이 열려 있는 곳이 있다면 어떤 식으로 인테리어를 했는지 보는 것도 많은 도움이 될 것입니다.

주차장도 중요합니다. 드라이브 인에 관심이 있다면 특히 더 확인해야 합니다. 주차 램프 구조가 직선형인지 회전형인지를 보고, 회전형이면 반경이 커서 회전하기가 편하게 되어 있는지 살펴봅니다. 제조형 지식산업센터가 아니더라도 화물 데크가 어디에 있고 거기서 화물 엘리베이터로 바로 진입이 가능한지는 확인해야 합니다.

냉난방기 실외기가 개별 호실에 있는지 공용 실외기실에 있는지 파악합니다. 공용이라면 실외기실에서 먼 호실은 피하는 것이 좋습니다. 다른 호실보다 냉난방비가 많이 나와서 임차인이 자주 바뀔 위험이 있습니다.

이 정도가 필수적으로 체크해야 할 것이고, 그 이외에 층별 휴게실과 회의실, 구내식당, 화물 엘리베이터의 지하층 사용 가능 여부를 체크합니다. 이런 것들은 있으면 플러스가 되는 요소입니다.

지식산업센터 건물을 보고 나서 부동산을 방문해 그 주변의 분위기를 들어보고 매물을 확인해보면 머릿속에 윤곽이 잡힐 것입니다. 여러 군데 부동산을 방문하고 나면 중복되는 이야기가 있고, 같은 지식산업센터에 대해 다르게 평가하는 의견도 듣게 됩니다. 이런 것을 종합해 최종 판단을 내리면 됩니다.

임장보고서 작성을 권합니다. 일단 시간이 지나면 기억이 잘 나지 않습니다. 본인이 관찰한 것과 부동산에서 이야기한 매물들에 대한 정보 및 특징, 그리고 본인의 의견을 적어보세요. 시간이 지나서 어떻게 변화를 했는지 확인하면 빠른 시간 내에 투자가치를 판별하는 실력을 키울 수 있습니다.

홈택스에서 개인사업자 등록하기

1. 홈택스(www.hometax.go.kr)에 접속한 후 로그인합니다.

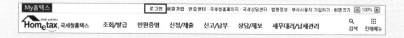

2. 상단의 '신청/제출'을 클릭하면 하단에 세부 메뉴가 나옵니다. '사업자등록신
   청(개인)'을 클릭합니다.

3. 인적 사항을 입력합니다. 주민등록번호와 이름은 미리 입력되어 있습니다. 회사 상호명을 정한 후 기입합니다. 휴대전화번호를 입력하고 문자 수신 동의 여부를 선택합니다.

4. 사업장 주소지 정보를 넣습니다. 홈택스를 가입할 때 넣은 주소와 같다면 '주소지 동일여부'에서 '여'를, 아니라면 '부'를 선택합니다. 지식산업센터 분양 또는 매매 계약을 한 이후 개인사업자 등록을 한다면 계약한 지식산업센터의 호실 주소를 입력합니다.

5. 업종 정보를 입력하는 화면입니다. ① '전체업종 내려받기'를 클릭하면 업종 정보를 다운로드할 수 있습니다. ② '업종 입력/수정' 버튼을 클릭합니다.

6. 업종 구분을 정합니다. ① 주업종과 부업종 중 선택한 후, ② '검색' 버튼을 클릭합니다.

7. 업종코드 목록 조회 화면이 뜹니다. ①에 업종코드를 바로 입력하거나, ②에 업종을 적습니다. 업종을 정확히 모르면 일부 단어만 적어도 괜찮습니다. ③ '조회하기' 버튼을 클릭합니다. ④ 업종코드 목록에서 제일 적합한 것을 찾아 더블클릭합니다. 아래 화면은 '제조업'으로 조회했을 때의 예시입니다.

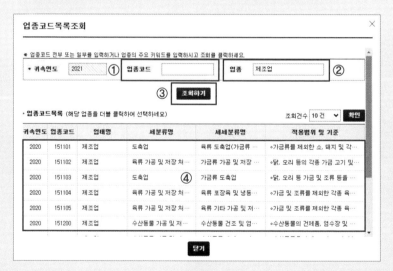

8. 입력된 정보를 확인한 후, ① '등록하기' 버튼을 클릭합니다. 부업종을 추가한 다면 앞의 6번과 7번 과정을 반복합니다. 모든 업종 추가가 완료되었다면 ② '업종 등록'을 클릭합니다.

9. 사업장 정보를 입력합니다. ① 개업 일자를 넣습니다. 분양을 받는 경우라면 일반적으로 준공일 또는 그 이후를 개업일자로 합니다. ② 사업장이 본인 소유인지 아닌지를 체크합니다. 본인 소유라면 ③에 면적 정보를 입력합니다.

10. (본인 소유 사업장은 생략) '타인 소유'를 클릭하면 아래와 같은 화면이 뜹니다.

여기서 '임대차 입력/수정' 버튼을 클릭합니다.

11. (본인 소유 사업장은 생략) 임대차 내역을 입력하고 하단의 '등록하기' 버튼을

클릭합니다.

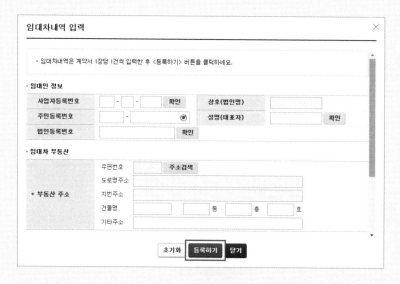

12. 공동사업자가 있으면 해당 정보를 입력합니다. 사업자 유형은 임대를 한다면

임차인에게 세금계산서를 발급해야 하므로 '일반'을 선택합니다.

13. (해당되는 경우만) 선택 사항으로 사업자 유형, 유흥업소 내역, 사이버몰, 중기/화물 운송, 서류 송달장소 등 추가 정보를 입력합니다.

14. 화면 하단의 '저장 후 다음'을 클릭합니다.

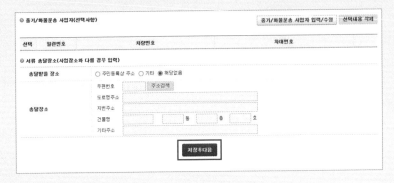

15. 제출할 서류가 있다면 첨부를 하고 하단의 '다음'을 클릭합니다.

딱 한 번 읽고 바로 써먹는 지식산업센터 투자

16. ①의 박스를 클릭합니다. ② '제출서류 확인하기'를 클릭해 제대로 신청했는

지 내용을 살펴봅니다. 모두 완료했다면 ③ '신청서 제출하기'를 클릭합니다.

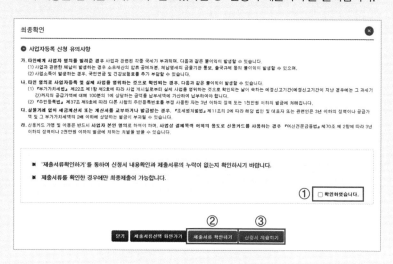

홈택스에서 건물분 부가가치세 조기 환급 받기

분양이나 매입 시 건물분에 대해서는 10%의 부가가치세가 붙으며 이는 납부한 후 환급 받을 수 있습니다. 신고는 정기 신고 기간과 맞으면 정기 신고를, 아니면 조기 환급 신고를 합니다. 정기 신고는 1월과 7월에 확정신고가 있으며, 4월과 10월에 예정신고가 있습니다. 여기서는 조기 환급 신고하는 방법을 알려드립니다.

1. 홈택스(www.hometax.go.kr)에 접속한 후 로그인합니다.

My홈택스	로그인 회원가입 인증센터 국세청홈페이지 국세상담센터 법령정보 부서사용자 가입하기 화면크기 100%					
Hometax 국세청홈택스	조회/발급	민원증명	신청/제출	신고/납부	상담/제보	세무대리/납세관리	검색 전체메뉴

- 개인 공동인증서로 로그인하고 화면 상단에서 '사업장 선택'을 클릭합니다. '사업장 선택'이라는 화면이 뜨면 해당 지식산업센터가 등록된 사업자번호를 선택한 후 하단 '사업자로 변경하기'를 클릭합니다. 확인을 위한 창이 뜨면 '확인'을 클릭합니다.

2. 상단의 ① '신고납부'를 클릭한 후 밑에 메뉴가 나오면 세금 신고 아래 ② '부
가가치세'를 클릭합니다.

3. 부가가치세 신고 화면에서 일반과세자의 '조기환급신고(월별)'을 클릭합니다.
1, 4, 7, 10월에는 조기 환급 신고가 불가능하며, 신고는 매달 1~25일까지 가
능합니다.

4. 기본 정보를 확인합니다. ① 사업자등록번호를 입력한 후 '확인' 버튼을 클릭
하면 ② 사업자 세부 사항이 보입니다. 내용을 확인하고 ③ 하단의 '저장 후
다음 이동' 버튼을 클릭합니다.

5. 신규로 사업자를 내고 분양이나 매수를 할 때는 다른 매출이나 매입이 없으므로 '매입처별 세금계산서 합계표'와 '건물 등 감가상각자산 취득명세서' 등 두 가지만 체크하면 됩니다.

6. 화면 하단의 '저장 후 다음 이동'을 클릭합니다.

7. 매출은 없으므로 매입세액으로 가서 '작성하기'를 클릭합니다.

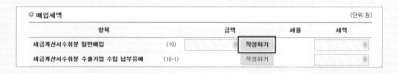

8. 매입처별 세금계산서 합계표에서 ① '전자세금계산서 자료 조회'를 클릭합니다. 팝업창이 뜨면 ②에서 보이는 공급가액을 따로 적어놓습니다.

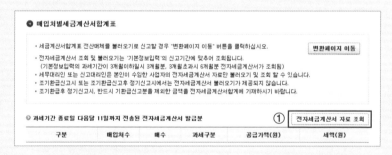

딱 한 번 읽고 바로 써먹는 지식산업센터 투자

9. 전자세금계산서 발급분 정보를 입력합니다. 전자세금계산서 합계표 팝업창에서 확인한 내용을 ①과 ②에 입력합니다. 맨 밑으로 내려가서 ③에 합계가 입력된 것을 확인하고 ④ '입력완료'를 클릭합니다.

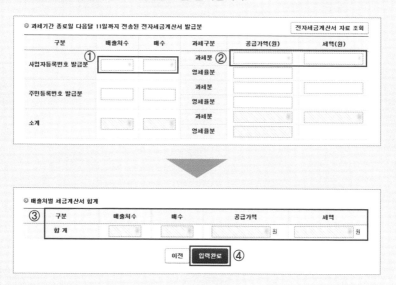

10. 입력한 정보가 ① 세금계산서 수취분 일반매입에 뜹니다. 확인 후 ② 세금계산서 수취분 고정자산 매입의 '작성하기'를 클릭합니다.

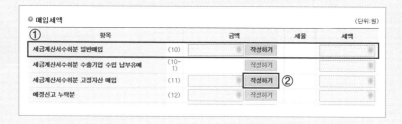

11. 건축·구축물 부분에 ① 공급가액과 건수를 입력하고 ② 세금계산서 수취분에도 동일하게 입력합니다. ③ 완료 후에는 화면 하단의 '입력완료'를 클릭합니다.

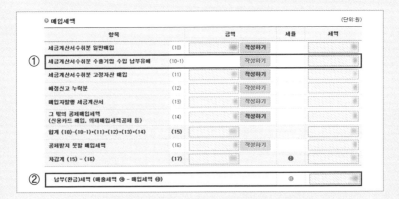

12. ① 세금계산서 수취분 고정자산 매입란에 금액이 들어간 것을 확인합니다. ② 환급 받을 세액이 표시됩니다. 여기서 마이너스 기호가 붙은 것은 환급받는 금액이고 플러스 금액이라면 납부해야 하는 세액입니다.

딱 한 번 읽고 바로 써먹는 지식산업센터 투자

13. ① 환급 받을 금액이 2천만 원 미만일 경우 여기에 계좌 정보를 입력합니다.

② 하단의 '신고서 입력완료'를 클릭합니다.

14. '신고서 제출하기'를 클릭합니다.

• 주 •

━━ 1장

1 정동훈, 「지식산업센터의 공간구성과 집적이익 효과」, 아주대학교, 2018(일부 참조)

2 2020년 11월 말 기준 전국 지식산업센터 현황, 한국산업단지공단(중복되는 수치 제외)

3 한국산업단지공단, 2020

4 한국산업단지공단, 2020

5 한국산업단지공단, 2020

6 한국산업단지공단, 2020

7 한국산업단지공단, 2020

8 "지난해 전국 지식산업센터 승인건수 역대 최다", 파이낸셜뉴스(2021.01.11)

9 2030 준공업지역 종합발전계획, 2015

10 정동훈, 2018

11 「국토의 계획 및 이용에 관한 법률 시행령」 제85조

━━ 2장

1 2020년 9월 말 기준 전국 지식산업센터 현황, 한국산업단지공단, 자체 분석

2 광저우 파크센트럴(Parc Central) 쇼핑몰, ZDL / Shutterstock.com

━━ 3장

1 통계청 통계지리정보서비스, 2018년 기준 데이터

2 통계청 통계지리정보서비스, 2018년 기준 데이터

3 통계청 통계지리정보서비스, 2018년 기준 데이터

4 통계청 통계지리정보서비스, 2019년 기준 데이터

5 '2020년도 시공능력 평가 결과', 국토교통부, 2020.07.30

6 김지연, 「지식산업센터에 대한 이해 및 시장 동향」, KB금융지주 경영연구, 2020.11.13

딱 한 번 읽고 바로 써먹는 지식산업센터 투자

==== **4장**

1 전자신문(www.etnews.com/20200928000219), 2020.09.28
2 통계청

==== **5장**

1   한국산업단지공단, 2020년 11월 말 기준
2   한국산업단지공단, 2020.11
3   자체 분석, 네이버 부동산, 2020년 12월 말 기준
4   한국산업단지공단, 2020.11
5   자체 분석, 네이버 부동산, 2020.12
6   한국산업단지공단, 2020.11
7   자체 분석, 네이버 부동산, 2020.12
8   한국산업단지공단, 2020.11
9   자체 분석, 네이버 부동산, 2020.12
10 한국산업단지공단, 2020.11
11 자체 분석, 네이버 부동산, 2020.12
12 한국산업단지공단, 2020.11
13 자체 분석, 네이버 부동산, 2020.12
14 택지정보 지도서비스(map.jigu.go.kr)
15 택지정보 지도서비스(map.jigu.go.kr)

==== **6장**

1 「산업집적활성화 및 공장설립에 관한 법률」 제55조
2 「지방세특례제한법」 제58조2의 ②
3 대한민국 국가지도집 I, 2019
4 「지방세특례제한법」 제58조2

딱 한 번 읽고 바로 써먹는
지식산업센터 투자

초판 1쇄 발행 2021년 6월 1일

지은이 | 박희성 오승연
펴낸곳 | 원앤원북스
펴낸이 | 오운영
경영총괄 | 박종명
편집 | 김효주 최윤정 이광민 강혜지 이한나 김상화
디자인 | 윤지예
마케팅 | 송만석 문준영
등록번호 | 제2018-000146호(2018년 1월 23일)
주소 | 04091 서울시 마포구 토정로 222 한국출판콘텐츠센터 319호(신수동)
전화 | (02)719-7735   팩스 | (02)719-7736
이메일 | onobooks2018@naver.com   블로그 | blog.naver.com/onobooks2018
값 | 16,000원
ISBN 979-11-7043-205-0 03320